続・100万人が受けたい

# 「中学公民」ウソ・ホント？授業

著者 河原 和之

明治図書

## はじめに

　大人も子どもも両方が美味しいスパゲッティを作ることは可能だろうか？のっけから授業とは関係ない話だが，これは天海祐希主演のテレビドラマ『Chef〜三つ星の給食〜』の一話である。一流の料理人である光子（天海）は，親子給食会を開催し，親子で同じメニューのスパゲッティを提供し，両方に「美味しい」と言わしめた。プロの料理人の所以である。

　教師は教えるプロであるから，勉強が苦手な生徒も，また得意な生徒も，同じ"メニュー"（教材）で，双方が意欲的で，しかも，わかる授業をつくることが大切である。そのためには"学力差"のない教材や発問，そして，討議課題が不可欠である。

　「社会科の授業は，誰もが主人公になれる」。ある研究会での若手の先生の発言である。社会科は，教材や内容の工夫ですべての生徒が参加できる"学力差のない授業"が可能である。深い教材研究で臨んだ知的興奮のある授業では，子どもの目も輝いている。授業とは，いわゆる低学力の子どもも含めすべての生徒が参加し，思考・判断できるものでなくてはならない。

　「主体的」「対話的」な「深い学び」が提唱されている。いわゆる「できない子」は，往々にして学習意欲がなく「非主体的」であり，話し合いにも参加せず「対話」も難しい。そこから「深い学び」などはとてもおぼつかない。しかし，意欲的に追究したい教材や授業改善により，ユニバーサルデザイン型授業が可能である。授業では一気に意欲を高める"すぐれネタ"がある。そのネタが単元のねらいと合致すれば，"わかる"授業へと転化する。"すぐれネタ"を開発し，授業に活かすことで，"学力差のない"授業が可能になる。すべての生徒の目が輝く授業をつくることは，プロである教師の責務であり，教える内容を子どもの目線で紐解く眼力が問われている。

2017年2月　　　　　　　　　　　　　　　　　　　　　　　河原　和之

はじめに 3

# 第1章 公民学習の現状と学習の視点 7

**1** 公民学習でめざすべき子ども像 8

**2** 子どもの感想から考える公民授業の視点
～アクティブ・ラーニングからのアプローチ～ 9

# 第2章 「現代社会」ウソ・ホント？授業 13

**1** ミニネタ うそっ！ 世界にはそんなことがあるの？（文化） 14

**2** ミニネタ 貧しくても太る？（グローバル化） 19

**3** 習得 人口減少社会がやってきた
～子どもが少なくなるとどうなるの？～ 21

**4** 授業方法 少子高齢対策を考える（マンダラとマトリックス） 25

**5** 活用 コンビニから社会を見る
（IT化，グローバル化，少子高齢化と社会の変化） 30

**6** 見方・考え方 島の生活から「効率」「公正」を考える（効率と公正） 34

## 第3章 「政治と憲法学習」ウソ・ホント？授業 39

- 7 見方・考え方 歌で考える憲法の精神（立憲主義） 44
- 8 習得 学校の歴史から考える憲法（大日本帝国憲法と日本国憲法） 46
- 9 習得 がんこ親父なら結婚できないのか（婚姻） 49
- 10 活用 日本は夫婦別姓にすべきか（マイクロディベート） 52
- 11 習得 隣の人を訴えるなんて！（裁判を受ける権利） 56
- 12 授業方法 憲法９条と安保条約の是非を考える（紙上討論） 59
- 13 習得 なぜ選挙に行かなくちゃいけないの？（選挙） 66
- 14 習得 サザエさん裁判！ どちらに軍配？（裁判の種類） 71
- 15 習得 君のアリバイは？（裁判に関する人権） 74

## 第4章 「経済学習」ウソ・ホント？授業 77

- 16 見方・考え方 普通列車のグリーン券料金はどうして決まるか？（市場） 84
- 17 習得 富士山の入山料の決まり方（価格） 87
- 18 習得 物価が安くなって，なぜいけないの？（インフレーションとデフレーション） 90
- 19 習得 マンガで学ぶ株式会社（株式会社） 94
- 20 授業方法 わくわく円高・円安ゲーム〜改訂版〜（ゲーム） 99
- 21 授業方法 いす取りゲーム・キャッチコピーで戦後経済史（ゲーム） 103
- 22 見方・考え方 プールは欲望か必要か？（公共財） 107
- 23 ミニネタ 大相撲はどうして年功序列型賃金なの？（成果主義と年功序列型） 111
- 24 授業方法 貧困と自助・扶助（シミュレーション） 116

| 25 | 活用 | どうして,「貧困」「格差」はなくならないの？（社会保障） | 121 |
| 26 | 活用 | 大きな政府か小さな政府か（政府の役割） | 126 |
| 27 | 探究 | 非正規労働者の失業は自己責任か政府の貧困か？<br>〜社会事象を多面的多角的に見る力を育てる討論の授業〜 | 130 |

## 第5章 「国際学習」ウソ・ホント？授業 137

| 28 | 活用 | 核兵器完全廃絶は可能か？（核問題） | 138 |
| 29 | 授業方法 | 現代の戦争と日本の貢献（劇化） | 143 |
| 30 | 探究 | わが街ノーベル平和賞〜主体的に考え行動する探究学習〜 | 150 |

おわりに　157

第 **1** 章

# 公民学習の現状と学習の視点

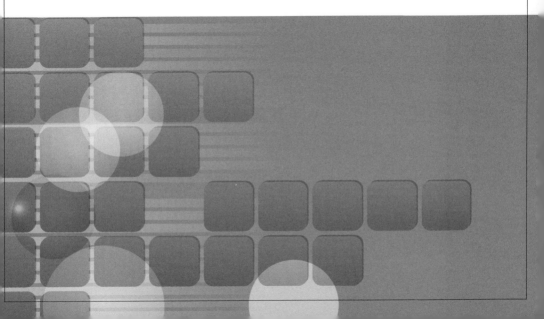

# 公民学習でめざすべき子ども像

　2014年10月10日，女子教育の権利を唱えてイスラム過激派に頭を銃撃され，一命を取り留めたパキスタンの女子学生マララさんがノーベル平和賞を受賞された。彼女は「本とペンを手に取ろう。それが一番の強い武器。一人の子ども，先生，そして本とペンが世界を変えるのだ。教育こそがすべてを解決する」と語る。

　日本にも，マララさんに匹敵する子どもたちや青年たちがいる。毎年8月6日の"広島平和の誓い"を読む小学生もそうだろう。小学校時代に"誓い"を読んだ学生に大学で出会った。鉛筆で書かれた初稿原稿を読んだが，被爆者である祖母の話からはじまり，地雷による被害者，そしてイラク戦争など世界情勢にも触れながら，自分のできることは"広島の原爆を語り継ぎ，世界に伝えることだ"と結んでいる。

　また，一年間，大学を休学し，東北大震災の支援活動に行く学生がいる。被災の現実を知り，多くの被災者と出会い，そこから自分には何ができるかを考え，行動している。足元から平和や人権そして社会の現実に向き合い，社会に発信していく。こんな子どもを育てたい。

　しかし，こんな生徒や学生は特殊な事例だ。社会変革をめざし，組合活動やボランティアをおこなったり，仕事として，NPOや国連職員，官僚になるのはごく少数で，多くは，企業や行政で働く。社会科教育の目標は"公民的資質の育成"といわれる。この"資質"をめぐり，社会科がめざすべき子ども像が論議されてきた。平たくいえば，きっちり納税をおこない，その税が，どのように使われているかを見抜き，監視することが大切だ。また，選挙や住民投票には参政権を行使し，代表者がどのような政治をしているかチェックする資質だと考える。

　ある難民支援をしておられるNPOが中学生に対する講演で，「あなたた

ちの少しの労力でいいです，少しのお金でいいです。難民たちのために使ってあげてください」というメッセージがあった。このような言葉に反応する感性を育てたい。

　こんな子どもに育てたいという"熱い"思いは大切だ。しかし，社会科教育は，社会事象を"冷徹"な頭脳で，"冷静"に資料やデータから，社会事象を分析する教科である。日々の授業は"冷静"でいい。いや！　むしろ，教師は教え込みや価値注入に"熱く"なってはいけない。"みえるもの"から，その背後にある"みえないもの"を"冷徹""冷静"に探究する力を培うことが大切である。思いは"熱く"，授業は"冷静"に！　この視点が重要だ。

##  子どもの感想から考える公民授業の視点
### ～アクティブ・ラーニングからのアプローチ～

　アクティブ・ラーニングとは，「教員による一方向的な講義形式の教育とは異なり，学修者の能動的な学修への参加を取り入れた教授・学習法の総称」（中教審答申，2012年8月）と定義されている。具体的な学習活動として，どのようなことが考えられるか？　答申の用語集では「発見学習，問題解決学習，体験学習，調査学習等が含まれるが，教室内でのグループ・ディスカッション，ディベート，グループワーク等」も例示されている。しかし，これだけを見ると，アクティブ・ラーニングとは，授業方法の改善と受け取られがちだが，けっしてそうではなく「何を教えるかという知識の質や深まりを重視することが必要であり，課題の発見と解決に向けて主体的・協働的に学ぶ学習」とされている。

　年度末に授業に対する簡単なアンケートをとった。「公民の授業は楽しかったですか」という回答では「すごく楽しかった」が70％，「楽しかった」が28％を占めた。「ふつう」というのは，わずか2名だった。「公民の授業はよ

くわかりましたか」の回答も，同様な割合であった。「社会や世の中の動きに役立ったか」「政治や経済に興味をもちましたか」では，少し前向きの傾向は減るが，概ね好評である。自由記述の感想例では，

「公民の授業は毎回とても楽しかったので，いつも，<u>どんなことをするのか楽しみでした。公民が好きになりました</u>」

「班対抗で競ったり，<u>全員が答える機会もいっぱいあり楽しかったです</u>。記述問題では，<u>よく考えて書かなければならないので，そのために必然的に知識がつくので母と家でも話したりしている</u>」

「今まで経験したことのない授業で，内容も楽しく，覚えやすいです。また，私たちも<u>いろいろ考えることができるので，最近おこった事件なども理解しやすいです</u>」

「授業はとても面白く，"ボッ"としていることが少なく，自分で考えながら授業に参加できました。<u>公民で寝たことがある人は誰もいないと思います</u>」

「メリットやデメリットを考えたり，他の人の意見を聞くのがよかったです。これから，社会にでたときに，いろんなことに対して，しっかりした意見をもつことが大切だから。<u>とても将来に役立つことを学ぶことができてよかったです</u>」

　ここでは，授業で，大切にすべき視点が指摘されている。それは次の数点である。

　第一に，**"ボッ"としている退屈な時間をつくらない，アクティブな授業が大切**だ。説明と板書だけの授業は論外としても，一問一答の教師と生徒のやりとりで進む授業も飽きる。1時間の授業のなかに「発問」「クイズ」「話し合い」「ゲーム」「考える」「発表する」「書く」といった変化が大切だ。また，上記のような授業方法だけではなく，教える内容がもっとも重要だ。「クイズ」も単なるクイズでは，飽きがきてしまうので，授業のねらいとリンクした問いが不可欠である。

　第二に，「どんなことをするのか楽しみ」という感想に見られるように，**毎回，生徒たちが追求したいテーマで授業に臨むことである**。

<公民分野の授業テーマの一例>
① なぜ，容疑者を弁護しなければならないの？（自由権）
② どうして「肌色」がなくなったの？（平等権）
③ レンタルショップで借りたCDを校内放送で流してもいいの？（財産権）
④ 熱いコーヒーでやけどした，治療費は請求できるの？（請求権）
⑤ へっ！ 沖縄の北谷小学校って，北谷町にないの？（米軍基地）
⑥ 衆議院議長と内閣総理大臣どちらの給料が高いの？（国会）
⑦ 先生も国務大臣になれるの？（内閣）
⑧ なぜウエディングドレスはタキシードより高いの？（希少性）
⑨ 前田敦子とHIRO，どちらの所得が多いの？（所得）
⑩ マクドナルドのパンはどこのパン？（株式会社）
⑪ 甲子園球場のビールの銘柄は？（独占・寡占）
⑫ 関西国際空港は何市にあるの？（税金）
⑬ 国連総会，何語でしゃべっているの？（国連）

　以上のような，意欲的に追及でき，単元のねらいとリンクしたテーマ設定が重要である。アクティブ・ラーニングの基本は"知的興奮"である。
　第三に，「全員が答える機会もいっぱいあり楽しかったです」の感想にあるように，**全員参加型授業を追求すること**である。そのためには，どの子もわかる学力差のない授業をつくっていくことである。そのためには，単に教科書に掲載されている語句を単純に聞く愚問はさける。興味・関心から基礎知識とリンクした発問や課題を考えさせることが重要である。
　第四に，「メリットやデメリットを考えたり，他の人の意見を聞くのがよかったです」に見られるように，**他者との意見交換やシェアをすることで，認識が揺れ，思考が深まるテーマ設定の大切さ**である。単なる楽しさではなく，協働の学びにより，知的興奮をかき立て，思考に対立や葛藤を生む，こんなアクティブ・ラーニング授業を追究したい。

# 第2章
## 「現代社会」ウソ・ホント？授業

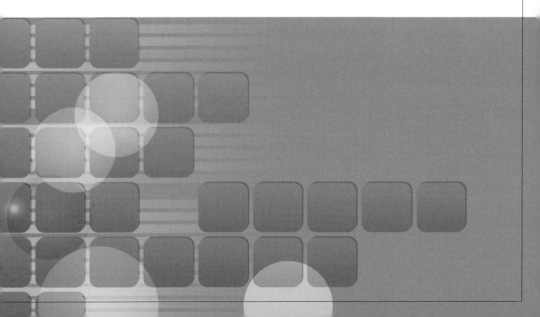

# 1 ミニネタ
## うそっ！ 世界にはそんなことがあるの？（文化）

　グローバル化が進み，異文化との接触・交流が増大し，人々の服装や食べ物も同質化している。他方，事物のとらえ方や価値観は，国や社会により異なることが多々ある。本授業は，日本では「非常識」とされる文化を意図的にとりあげ，歴史的・社会的背景を理解することから，異文化に対する理解と尊敬寛容な精神・態度を育成することが目的である。

### 1 国により異なる文化

　教室に地球儀を1個持参する。

> **発問** 首を横にふれば「NO」だ。その逆で，首を横にふれば「YES」の国はあるか？

　なければ，教師は発問しないだろうということで，「YES」が多い。

> **説明** ブルガリアがそうだ。トルコ統治時代に，反旗をひるがえしたブルガリアの将軍が剣を喉に突き付けられた。降伏しようとしたが，うなずけずに首を横にふった。そこから，首を横にふることが「YES」になった。

> **グループ 交流** 次の①〜⑤のことについて，君ならどうするか？する場合は○，しないがどうでもいい場合は△，許せない場合は×をつけなさい。

① 友達からクリスマスの贈りものをもらったが，気に入らないので交換してもらう

② 「13」「17」の数字のついた航空機の座席になった場合は，交換を申し出る
③ 服を着たままプールや海水浴をする
④ 幼い子が，道端で高齢者を助ける場面に出会い，頭をなでてあげた
⑤ 授業中，あまりにもひどかったので「正座しろ」と言われ正座した
　○×△をつけさせた後，班で交流する。（略）

＜例①＞

> S：「せっかく贈ってくれたのに悪い」
> 　「人の好意を無にすることは失礼」
> 　「でも，それって日本の考え方では」
> 　「いやいや使うほうが失礼だし，ほこりにまみれてしまう」
> 　「返品する国はけっこう多いのでは」
> 　「もらった思い出の品物として持っていればいい」
> 　「贈りものを返品し，自分の好きなものを買うほうが合理的」

アメリカなど個人主義の国にある考え方である。

＜例②＞

イタリアでは，「17」はラテン語の「VIVI」で，「生きている」の過去形「生きていた」となるから忌み嫌われている。

＜例⑤＞

> S：「小学校時代から，悪いことをしたら正座しろって言われた」
> T：「正座をする国って何か国あるか」
> 　「5」「10」「20」と適当に答えている。
> T：「日本とグァテマラの2か国です」

正座をするのは，日本とグァテマラのマヤ系先住民族の女性など，ごく少数に限られている。韓国では，正座は，囚人がさせられるケースはあるが，苦痛や屈辱感を与える座り方であり，女性は立膝や横座り，男性はあぐらが一般的である。脚を組む座り方は，自己顕示欲が強いとされるアメリカに多いが，ヨーロッパ人には，足の裏を見せるのは，マナーが悪いとされる。イスラム圏では，自分に対する侮辱ととられる。

## 2 宗教と文化

　スターバックスの商標を見せる。「よく見ると，ちょっとエロいかな（笑）」「女性をイメージしてるんだ」の声。

**説明** スターバックスのマークの人魚は，ギリシャ神話に登場する"セイレン"（長い尾が２つある人魚）を模して作成された，船乗りを惑わすことで知られる海の妖精である。スターバックスの創立者の一人であるゴードン・バウカーの友人，テリー・ヘクラー氏が16世紀の木版画の"セイレン"を参考に考案した商標である。1992年におこなわれた改定で，現在のバストアップとウエストのくびれの肖像に変えられた。

**描く** イスラム圏では，スタバの商標はどうなっているのか？描いてみよう。

### <作品例>

・顔や髪の毛を隠している図柄
・女性ではなく男性
・体全体を布で覆っている
・マホメットの肖像　・豚の図柄
　描かれた作品を黒板に貼る。

〈例〉

T：「このなかで，イスラム教の教えからして，ヤバいのがあるがどれか」
S：「女性はやっぱりダメ」
　　「豚は食べてはいけないからダメ」
T：「マホメットはダメだね」
S：「どうして」
T：「イスラム教では偶像崇拝を禁止しているから」
S：「……」「偶像崇拝って？」

イスラムのモスクで礼拝している写真を提示する。

T：「キリスト教や仏教と異なることは？」
S：「十字架がない」
　　「イエスさんがいない」
　　「仏像がない」
T：「つまり，このことを偶像崇拝といい，イスラム教では禁止しています。イスラム教徒はメッカに向かって拝みます。以前，日本で発行された世界史の漫画がマホメットを描き，問題になり回収されました」

≪イスラム圏のスタバ≫
　イスラム圏のスターバックスの店舗のロゴは，女性の裸体をイメージする商標や"偶像崇拝"が禁止されているため，"セイレン"は姿を隠し，頭上にある冠と星だけが描かれている（インターネットで検索するとでてくる）。

## 3　文化とは何か

★考えよう　以上のことから，文化とは何か定義しよう。

・宗教に代表される人々のものの見方や考え方
・集団生活のなかでのいろんな考え方や生活習慣
・生活のものさしみたいなもの

　文化とは，衣食住をはじめ科学・技術・学問・芸術・道徳・宗教・政治など，人間がつくり上げた生活の仕方や社会のしくみや物事に関する感じ方であることを確認する。

## 4 文化衝突

ここではイスラム教に関する文化衝突について扱った。

> **発問** 日本では以下のようなイスラム教に関係する事件がおこっている。
> ① うそっ！ 福岡でおこなわれたユニバーシアードの選手村の食事に（　　　　　　）を出したんだって‼
> ② コーランの模様を何かに使い批判を受けたことがある。さて何か？

① 豚骨ラーメン　② じゅうたん

②の聖典たる"コーラン"の模様を，足で踏みつけるじゅうたんに使用するとは，とんでもないことである。

「文化」という抽象的な概念を具体的な事例から考える授業である。「ウソ・ホント？」と驚く，意外な教材を使いながら，楽しく授業をしたい。グローバル化の時代にあっては，「異文化」を理解し，「自文化」を相対化しつつ，相互に尊重していくことが大切である。

### 【参考文献】
・日本経済新聞社編『ところ変われば』日本経済新聞出版社，2010
・猪瀬武則編著『究極の中学校社会科　公民編』日本文教出版，2012

## 2 ミニネタ 貧しくても太る？（グローバル化）

グローバル化は，経済の均一化を生む一方で格差も拡大する。ここでは，"肥満"が発展途上国に広がっていることから，グローバル化の「暗」の側面を考える。

### 1 肥満の多いところ

**Qクイズ1** 世界の人口は約70億人である。このなかで肥満の人はどれくらいか。　　　　　約3億人　約5億人　約10億人

答えは「約3億人」。アメリカでは，肥満からくる病気は，タバコがひきおこす病気の2倍であることにもふれる。

**Qクイズ2** 肥満の人の3人に1人は（　　　）に住んでいる。この（　　　）に当てはまる言葉を考えよう。

S：「アメリカ」
T：「って答えがでると思いましたが，違います。国名ではありません」
S：「アフリカ」「アマゾン」「平地」「先進国」
T：「答えは，先進国とは反対の発展途上国です」（へっ！　どうしての声）

### 2 貧しくても太る！

**★考えよう** 貧しいといわれる発展途上国に肥満が多いのはなぜか？

S：「肉とか，カロリー多くて太るってことを知らないから」

第2章　「現代社会」ウソ・ホント？授業　19

「発展途上国といえば，魚や野菜のイメージがあるけど」
T：「特に南太平洋の国々が深刻だよ」
S：「島国だから魚を食べるのでは？」「パイナップルとかのフルーツも」
T：「そうだね。フィッシュとフルーツの国々で肥満が増えてきたって，どういうこと？」
S：「発展途上国にもマクドナルドや松屋が販売するようになったから」
T：「グローバル化によって，安くて糖分たっぷりの加工食品や脂肪分の多い肉が，先進国から発展途上国に輸入されてきました」
S：「安い肉類を食べるようになったってことか」

## 3 さて！ どうする？

**グループ討議** 南太平洋のフィジーでは，一部の肉の輸入を禁止した。でも先進国は，消費者が欲しがるものを安く売ってどうしていけないのかと主張している。君はどう考えるか？

Aグループ：輸出するのは自由だから，それぞれの国が国民の健康に悪いということをわからせる
Bグループ：日本も魚を多く食べる国だけど，太ると病気になるので，肉類をあまり食べないようにしているから，健康を大事にするよう呼びかける
Cグループ：国が魚や果物を安くする政策をする
Dグループ：健康を害するような輸出はしてはいけない

【参考文献】
ジェシカ・ウィリアムズ『世界を見る目が変わる50の事実』草思社，2005

# 3 人口減少社会がやってきた
## ～子どもが少なくなるとどうなるの？～

**習得**

「少子高齢社会」の授業である。現代社会の焦眉な課題であり，情報量も多く，学習者の側からも意見が言いやすく，すべての生徒が参加することが比較的容易な単元である。現状と，その要因，企業や行政そして外国の対策について考える。

### 1 少子高齢の現状

フォトランゲージで，いろんな写真から時代の変化を読み解く。

大阪の1962年と2010年のある中学校の全校集会の写真で，2010年は600人だが，1962年は3700人だった。また，「1969年―新婚旅行の出発ラッシュ」「1973年―校庭を埋めつくすプレハブ校舎」「1992年―新入生はたったの6人」「2009年―厳しさ増す保育所入所」「2012年―市役所主催の足場DE婚活」などの写真を，グループになり，1960～1970年頃と1990年以降の写真に分類させる（『今解き教室』（朝日新聞）2013年6月号の写真を使用）。

> ★ **考えよう** 子どもの誕生に関する次の数字は何か，考えよう。
> ① 30.5歳（2010年） ② 29.9歳（2010年） ③ 1.39（2011年）

①は，男性の初婚年齢である。女性が1人目の子どもを産む年齢は，②平均29.9歳で，30年間で3.5歳遅くなっている。③1.39は，合計特殊出生率といわれ，一人の女性が一生に産む子どもの平均数である。

> **グループ 討議** 合計特殊出生率がもっとも多い都道府県と，少ない都道府県はどこか？（2011年）

A 島根と大阪　　B 鳥取と東京　　C 沖縄と大阪

第2章 「現代社会」ウソ・ホント？授業　21

D　奈良と東京　　E　滋賀と大阪　　F　北海道と東京
　多い理由を聞く。
・北海道は農業や酪農が盛んで人がいるから
・島根は田舎で大家族が多いから，面倒見てもらえる
・沖縄は農業や漁業，観光など家族で仕事をすることも多いから，子どもは多いほうがいい
・奈良はベッドタウンで豊かな人が多いから
　少ない理由を聞く。
・都会だと思う！　都会は忙しくて子どもどころではない
・東京は，物価も高く，夫婦共稼ぎでないとやっていけない
・東京は，工業中心で，保育所も高いから子どもがいるとお金がかかる
　　答えは，沖縄がもっとも多く1.86，少ないのは東京で1.06。

＊少子化県：東京・宮城（1.25），京都（1.25），北海道（1.25）
＊子だくさん県：沖縄（1.68），鹿児島（1.64），熊本（1.62）

## 2　なぜ少子高齢社会になったのか

**班で考えよう**（黒板に次のデータを貼る）次のデータは，「子どもを持つ上での不安なことは（ベスト7）」を聞いたものである。どのような理由で子どもを持たないか考えよう。（「朝日新聞」2010年7月31日掲載）

・お金がかかる　　・教育費がかかる　　・子どもを見てくれる人がいない
・子育てに自信がない　・保育所が少ない　　・育てるのがたいへん
　答えは隠しておき，正解がでるたびめくっていく。

1位　経済的負担の増加
2位　仕事と生活・育児の両立

3位　出産年齢
4位　保育サービスの不安
5位　不安定な雇用・就業関係
6位　育児にともなう心身の負担
7位　住宅事情

＊少子化の原因として①晩婚化，未婚化，出生率の低下，②女性の社会進出，③生活の安定しない非正規労働者の増加，④仕事と子育ての両立が難しい，⑤祖父母や地域の支えの減少の５点をおさえ，板書する。

## 3　少子高齢の問題

「胴上げ型社会」（1960年）→「騎馬戦型社会」（2010年）→「肩車型社会」（2060年）と変化している。それぞれ説明させる。

★**考えよう**　つまり，「肩車型社会」になると，老後の生活を支える年金や，医療制度などが維持できなくなるということですね。このこと以外に，どんな問題がでてきますか。

・働く人が少なくなる　・国や地方の税金が減る
・日本の生産量が減る　・若者の生活がますます苦しくなる
・祭りなどの地域の行事がやりにくい

## 4　行政や企業の対策

東京都江戸川区の，自宅に来て子どもの面倒を見てくれる「保育ママ制度」と，定住集合住宅という，みんなで子育てしていく施設の長野県下條村「若者向けの住宅」について紹介する。

> 🗨 **班討議** ソニーはユニークな取り組みをしています。フレックスタイム制や，子育て，介護目的での休暇などです。また，すごいこともしています。へっ！ と驚く制度です。どんな制度なのか班で相談しよう。

・子連れ出勤　・給与アップ　・午前中勤務
・3時退社

答えは「在宅勤務」である。

"イクメン"といわれる，男性にも"子育て"をしようという制度が整い，少しは育児休業を取る男性もいるが，2011年は2.63％であった。

## 5　外国はどうか？

**＜ドイツの事例＞**（「朝日新聞」2009年8月7日）

・会社では，同じ共働きで，子育て中の人と「2人で1人分」の勤務シフトを組んで，同じ仕事を分け合う。給与は6対4の割合
・外国人留学生をホームステイで受け入れるかわりに，家事や子育てを留学生に担ってもらう制度
・子どもの発熱などの急な欠勤や遅刻の時に，給与の減少を補う「労働時間口座制度」。残業した時に，その労働時間を「貯蓄」しておく

「少子高齢社会」をいろんな観点から切りとり，企業，自治体，外国での取り組みを知ることから，今後の対策について考えさせることが必要である。

### 【参考文献】

・「人口減少社会がやってきた」『朝日新聞で学ぶ総合教材　今解き教室』2013年6月号
・「朝日新聞」2010年7月31日，2009年8月7日

# 4 少子高齢対策を考える（マンダラとマトリックス）

「少子高齢化対策」について，「マトリックス」の手法により論議をおこなった。「マトリックス」は，座標軸をつくり，思考力や判断力を培うワークショップの手法である。今回は，「効果」と「課題」の2つを座標軸として示した。

 みんなで少子化対策を考えよう

【手順】
① 個人で対策を最低3つは考える。
② グループになり，それぞれ個人が考えた対策を出し合い，そのなかから8対策をマンダラに書く。
③ グループで順次，対策を発表していく。
④ 「効果がある」「ない」という座標軸と，「課題あり」「課題なし」の座標軸を示し，他のグループからだされた対策を含め，マトリックスのどの位置に属するか，グループで話し合う。「課題」というのは，生活や財政上で困難性をともなうという意味である。
⑤ クラスで，マトリックス上にそれぞれの対策を掲示し議論する。

《生徒の考えた少子化対策》
◎ユニーク対策

・結婚して子どもを産まなければ罰金100万円
・高齢者が学費を負担している家族では，孫の就職先が必ず決まる
・高齢者の義務教育（熟年カップル養成所）
・子どもを1人産むと宝くじ100回無料券プレゼント
・55歳以上で結婚すれば指定の公共施設を貸切

- 子どもの数だけ毎年海外旅行ができる　・子育てロボットの開発
- 子ども（小学生）専用のゲームセンターをつくる

**◎現実的対策**

- ２人以上子どもがいる場合，教育費を半減する
- 子ども用品の値下げ　・乳児まで必要な品物を提供する
- 子どもの玩具を無料にする　・子どもを２人以上産めば税金を安くする
- 婚活に政府がお金を援助する　・会社勤務の時間帯の調整
- 会社設立時に保育所を義務づける
- 子どもを３人以上つくったらタダで家がもらえる
- 保育士等の職種への保護充実　・格安家政婦制度をつくる
- ２人以上子どもがいる場合，国がその子どもの数のベビー用品などを支給
- 近所づきあいを増やし仲よくし，子どもの面倒を見合う
- 子どもが多ければ，その子が３歳になるまで家政婦がつく
- 赤ちゃんに必要なミルクといっしょにベビー食の配達
- 子どもが１人生まれたら２か月分の離乳食がもらえる
- 高齢者と，子どもがいる母親のシェアーハウス
- 独身税，離婚税の新設　・１人産んだら消費税２割引
- 会社の雇用人数を増やす

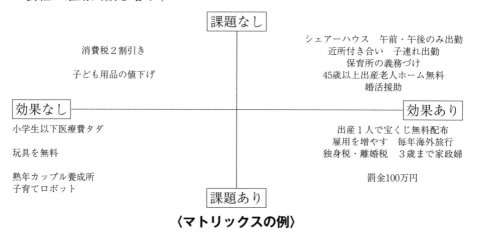

〈マトリックスの例〉

## 2 少子化対策を批判しよう

　マトリックスに書かれた対策を批判する。それぞれの対策を再考し，少子高齢対策の困難さと，実現可能性について考えさせた。

【回答例】
◆45歳以上で出産した夫婦には，老人ホームが無料
・高齢出産が増え，新たな問題が発生する
　こういう制度にすると，少しは少子化対策にはなるとは思うが，新たに高齢出産が増えるという問題が発生してしまうかもしれない。それに，老人ホームをつくると簡単にいうが，建設や働く人々の給与をどうするかという問題もでてくる。タダで入居となると，その財源として消費税なども増税しなくてはならない。

◆子どもを1人産むと宝くじ100回無料券プレゼント
・金につられて子どもは産まない
　子ども1人と宝くじ100回をイコールで結んでいることがまず問題だ。子どもは愛したいから産むのであって，お金欲しさに産むという人は少ないと思うし，逆に子どもは増えないと思う。

◆子どもの数だけ毎年海外旅行ができる
・結局自分のお金で海外旅行に行っているのと同じ
　子どもの数だけ海外旅行！　誰がこの費用を支払うのでしょうか！　国から捻出されると仮定して，税金で支払うわけだから，結局，自分が払っているのと同じになる。また，仮に実現できたとして，みんなが子どもをつくり，海外でお金を使うようになると，日本でもお金のまわりが悪くなり，いろんな問題がでてくるように思う。

◆子どもを3人以上つくったらタダで家がもらえる
・子どもを産めない人もいる
　この対策例は，子どもを3人以上つくったらとあるが，体が弱い人，子どもを産めない人など不平等になるから，その人たちにも何か支援をする必要

性がでてくる。

◆子連れ出勤 OK

・仕事の能率が下がる

　子どもを会社に連れていく制度は，多くの子どもが泣いたり，騒いだりと仕事ができないし，他人の迷惑にもなり，逆に仕事の能率が上がらない。そのため会社の利益にも影響がでる。また，会社に保育所をつくることは，今の会社の経営状況を考えても無理がある。

◆独身税，離婚税の新設

・結婚しない自由に対する侵害だ

　本人が結婚したくないという意思があるなら無理に結婚しなくてもいいし，するかしないかは個人として尊重される権利だ。そこで，独身税や離婚税などをつくって，独身の人や離婚した人に税を払わせることはおかしい。しかも，少子対策を結婚するかしないかという問題にすり替えていることが問題だ。

◆午前のみ，午後のみ出勤

・結果的に給料が安くなり少子化が進む

　子どものいる女の人が全員こんなことを言いだすと，会社として成り立なくなってしまう。また仕事がはかどらないという問題がおこり，会社の利益が上がらず，結果的に給料が安くなり，いっそう少子化に拍車をかける。

◆小学生以下の医療費をタダにする

・医療の質が下がる

　小学生以下の医療費をタダにすると，すごく病院側に負担がかかる。また，国が捻出するのは，今の財政状況では無理がある。もっとも心配なのは，安上がり医療になる可能性があり，今までより薬の質が下がったりするかもしれない。そうすると，税金アップをせざるを得なくて，結局タダになっても負担は同じである。

## 3  批判の観点

① 日本の財政状況から考え，実現が困難であるという意見が多い。保育所，家政婦，減税，海外旅行等，すべて国や地方公共団体の財政負担が必要である。それを捻出するためには，増税など政策が必要になってくる。つまり，結局は「最終的には国民の負担になる」という経済的思考から判断している。また「まずは，国の借金をなくすことが先決」という意見である。

② 会社に負担をかけるさまざまな政策に対しては，企業で働く人のモチベーションの問題や，会社の利益等に言及する意見が多い。利潤追求を本来業務とする企業にとって，そこまで福利厚生を整備できるのかという疑問である。

③ 子育ての根本にかかわる批判である。「お金を目的に子どもは産まない」「親とのコミュニケーションが大切」の意見に見られるように，安易に保育所や家政婦に子育てをまかせることに対する批判である。

④ 個人の尊重や婚姻の自由等，憲法の精神からして問題があるという意見である。「産みたくない」自由を侵害することになる。

⑤ 「医療の質の低下」「保育士への労働強化」等，少子化対策としては妥当であっても，他の課題が噴出するという意見である。一方を立てれば，一方が立たない。社会はそう単純なものではないということを認識している。

「少子化対策」を通じて，社会的事象を多面的多角的に考える実践事例を紹介した。「マトリックス」の手法で学習したが，アクティブ・ラーニングにもつながる有効な手法である。

## 5 活用 コンビニから社会を見る（IT化，グローバル化，少子高齢化と社会の変化）

IT化，グローバル化，少子高齢化を学習した。現代社会の特色であるこの3つが，産業構造や社会の変化にどんな影響を与えているか？ コンビニの変化を中心に，学習する。

### 1 新聞記事から

**発問** 次の新聞記事のリードは，2014年から2015年にかけてのものである。（　　　）に当てはまる言葉を考えよう。

・JR東日本「駅近」に100の（　　　）施設　沿線の魅力向上
　　　　　　　　　　　　　　　　　　　　　　（「日本経済新聞」2014年6月17日）
・イオンが（　　　）参入，スーパーに通所施設　20年度50カ所
　　　　　　　　　　　　　　　　　　　　　　（「日本経済新聞」2015年7月18日）
・JRガード下，変わるかも　駅間に（　　　）やこだわり店舗
　　　　　　　　　　　　　　　　　　　　　　（「朝日新聞」2014年11月27日）
・イオン，駅前で（　　　）千葉のSC内に最大200人
　　　　　　　　　　　　　　　　　　　　　　（「日本経済新聞」2015年3月27日）

「ゲームセンター」「学習塾」「ジム」などの意見がでるが，答えは順に，保育，介護，保育園，学童保育。

**★考えよう** なぜ，このような施設を駅前につくるのだろう。

S：「駅前は交通が便利だから」「仕事に行く前に預けるのが便利だから」
　「仕事帰りにすぐ子どもを連れて帰れる」
　「介護施設が駅前だと高齢者が遊びに行きやすい」

「家族や友人が介護施設を訪れやすい」
T：「つまり，高齢社会の現実に対して，設備や施設含め大きく変わってきたということだね」

## 2　ローソン「Ponta」カードとICT

T：「これはローソンが発行しているPontaカードです。持っている人は？」
十数名が挙手する。
T：「ポイントが貯まると割引があるよね。利用者の何％が使用しているかな」
S：「80％」「60％」「50％」「30％」と口々に発言。
T：「約50％が利用しているようです」
S：「カードがあるからといって，そう利用するわけではないし，なぜ発行するの？」
「ちょっとでもポイントが溜まると得するからでは」

**発問** ローソン側からすると，どんなメリットがあるのか？

S：「カードを持ってるから，同じコンビニでもローソンで買い物しようかってことになる」「買い物客のデータがわかる」
T：「具体的には？」
S：「どの店がいちばん売れてるとかがわかる」「年齢によってどんな商品が売れるかわかる」
T：「POSSシステムといって以前から年齢別顧客データは把握されていたが，カードになり個別のデータを把握できるようになりました」
S：「へっ！　誰が何を買ったかがわかるんだ」
T：「誰が何時ごろに買ったかもわかります」
S：「でも，そんなことしても意味ないのでは？」

> **Q クイズ** リピーター率という数値がある。1割のヘビーユーザーの売り上げが全体の何割を占めるか？
> 　　　　　　3割　　　　5割　　　　6割

**A 答え** 6割

> T:「同じ顧客が同じ商品を繰り返し購入するということです。買い物に行き，その商品がなかったらどうですか」
> S:「たぶん次に行かなくなる」
> 　「なるほど！買い物に行けば，必ず商品があるように，データを使うんだ」
> T:「コンビニの店舗面積は狭く，いろんな商品を置いておくことは不可能です。リピート率が高い商品を把握することも，カードによって可能になります」

＊他の事例として，次のことも紹介する。

・VISAカードは，以前は1か月で約730億件の取引データを処理していたが，今は13分で処理できる。

・グーグルは「自動走行システム」を開発。そうなると，トヨタやホンダがデバイス提供メーカーになり，産業構造に変化がおこる可能性がある。

## 3　セブンイレブンと高齢社会

> **発問** 高齢社会になり，セブンイレブンは新しい販売をしている。どんな方法か？

> S:「高齢者向けの商品を並べている」
> T:「例えば？」
> S:「どら焼き」（笑）「紙おむつ」「筆」など。
> T:「でも，高齢者はコンビニをあまり利用しないのでは」

S:「スーパーでまとめて買う人が多い」
T:「65歳以上の人は今は4人に1人の時代だから,この層にもターゲットを絞っていかないと!」
「ヒントは,70歳以上になると700m以上歩くのがイヤになるという研究データがあります」
S:「商品を自宅まで届けるサービス」
「お金の振込とかもやってくれる」
T:「デリバリーサービスという,自宅まで商品を届けるサービスです。いろんな課題はありますが,進んでいるようです」

　コンビニという子どもの興味ある題材から,情報化と高齢化のなかで変化する社会について考える。現代社会の特色である情報化,少子高齢化,グローバル化により,人々の生活はもちろん,産業構造をも変化していることを理解させたい。

【参考文献】
・伊藤元重『東大名物教授の熱血セミナー　日本経済を「見通す」力』光文社,2015

# 6 島の生活から「効率」「公正」を考える（効率と公正）

見方・考え方

架空のS島住民の要求を「効率」と「公正」の観点から考え，「対立」から「合意」にいたるプロセスを考える。

## 1 S島に住む住民の要求

≪S島とは≫
・湖に浮かぶ，本土からわずか1km，周囲5kmの小さい島
・人口は200人で，本土から1日5往復の船が唯一の公共交通機関
・住民の7割が漁業に従事している
・幼稚園と小学校がある
・対岸にX市があり，S島はその行政区に含まれている

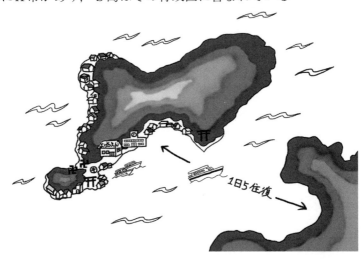

　クラスを8グループに分け，4グループ（A〜D）は住民，4グループ（E〜H）は市長の役割を演じる。

**グループ 討議** A～Dのグループは，あなたがS島の住民だったとして，どんな公共サービスをしてほしいか考えよう。またE～Hグループは，要求に対して回答を考える。

【要求例】
・中学校をつくってほしい　・島に買い物できる店が欲しい
・1日5往復の船は少ない。船の便を多くしてほしい
・病院をつくってほしい　・コンビニがきてほしい
・島内の交通を整備してほしい

## 2　＜対抗戦＞要求と回答

① 買い物するところが島内になく，困っています。せめて日常品でも買える店をつくってほしい
→お店は個人がつくるものであって行政の仕事ではありません。島の誰かがやってください。

② 中学校がなく，船で通っています。教育を受ける権利があるので，学校をつくってほしい
→対岸まで1kmだから，船でも10分。通学時間としては短い。

③ 高齢者が多く，病院をつくってほしい
→十分，対岸の病院に行くことは可能。緊急には，高速艇が用意してある。

④ 船の便を多くしてほしい
→市の財政が厳しくそこまでできない。田舎では各自が乗用車を持っているのだし，各家庭がボートか船を持てばいい。

⑤ 本土と結ぶ橋をつくってほしい
→市の財源からしても不可能です。それぞれの家庭の船で対応してください。

## 3　琵琶湖・沖島

　沖島は，淡水湖に浮かぶ日本で唯一の有人島である。沖合約1.5kmに浮かぶ小島で，面積は1.52km$^2$。人口は約350人で，島内には信号はない。人口は，1958年には812名だった。世帯数は1975年が150軒，現在は142軒と変化はない。1軒あたり1隻以上の船を所有している。戦国時代には，琵琶湖水運の重要拠点として関所があり，沖島の住民により航行の安全が確保されていた。幼稚園と小学校はあるが，中学校はない。幼稚園の園児は1名，教師も1名である。小学校の児童は11名，教師は8名である。しかし，児童のうち7名は本土からの留学児童である（2014年度）。

### Q クイズ

問1　島のまわりの長さは？
　　① 3km　　② 7km　　③ 12km

問2　島の中のおもな交通は？
　　① 乗用車　　② バイク　　③ 自転車

問3　おもな産業は漁業だが，全戸数の何割が漁業関係者か？
　　① 5割　　② 約7割　　③ 約9割

問4　沖島の漁獲量は琵琶湖全体の何割を占めているか？
　　① 約5割　　② 約7割　　③ 約9割

問5　商品を販売する店がある。以下のどの店か？
　　① 雑貨屋　　② 酒屋　　③ コンビニ

問6　近江八幡市の人口は約8万人で，300億円の予算で市の行政が運営している。約350人の沖島の行政にどれくらいの財源を使っているか？
　　① 1～2億円　　② 3～4億円　　③ 5～6億円

### A 答え

問1：②　　問2：③　　問3：②　　問4：①　　問5：①　　問6：②

> ★ **考えよう** 近江八幡市の人口や財政から考え，沖島に3～4億円もの財政を使っていいのか？ 「効率」「公正」の観点から考えよう。

【回答例】

回答例1：沖島の漁業は，エビやあゆと聞いたが，これが京都に売られ料亭で食べられている。だから，けっこう税金も払っている。また，居住の自由があり，どこに住もうが，生活を守ってあげるべき。これが「公正」という考えだ。

回答例2：幼稚園は園児1人で先生が1人と聞いた。あまりにも贅沢すぎる。園児1人が対岸に通うのは無理なので，お迎えの先生が，対岸の幼稚園まで通園させてあげれば「効率的」だ。

回答例3：高齢社会なのだから，学校より病院だと思う。小学校を廃止し，病院をつくるのが「公正」で「効率」だ。

　地方交付税交付金は，国家財政レベルでの「公正」対策であり，このことを「効率」の観点から検証する必要がある。また，「障がい」をもつ児童・生徒，外国人生徒への特別な配慮も同様である。高齢者や障がい者，生活保護などへの社会保障についても，限りある財源を「効率」「公正」の観点から，どう配分するかという視点が必要である。本事例から，他の「島」や「過疎」地域，「限界集落」の学習に応用することができる。

【参考】
・近江八幡市役所への取材
・高橋愛典・浜崎章洋論文「離島住民の生活を支える交通と流通：琵琶湖・沖島の事例から」『海軍経済研究』日本海軍経済学会，2014

第3章

「政治と憲法学習」
ウソ・ホント？授業

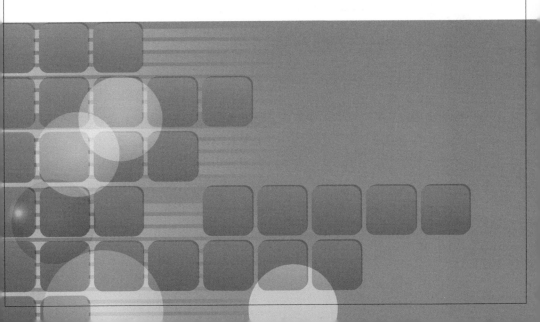

## 憲法学習の留意点

「憲法学習」の留意点は次の5点である。
① 「憲法学習」が「嫌法学習」にならないよう，子どもの生活に根ざした興味ある題材を中心に学習していく。
② 憲法の理念と現実との乖離を埋めるために，憲法が現実に果たしてきた役割を学習していく。
③ 条文を「理解」「暗記」する学習ではなく，葛藤教材や話し合いを通じて，思考や深まりのある学習を進めていく。
④ 説明中心の講義型授業ではなく，参加体験型授業で，「歌」「ワークショップ」「手紙」「ロールプレー」「フォトランゲージ」「シミュレーション」「ディベート」「紙上討論」「討論」など多様な授業形態を工夫する。
⑤ 子どもたちの価値判断形成を促すために，多様な意見を紹介し，一方的な意見の押し付けにならないよう配慮する。

## 言語活動と憲法学習

　公民的分野における言語活動として，文部科学省は，「習得した知識，概念や技能を活用して，社会的事象について考えたことを説明したり，自分の考えをまとめて論述したり，議論などを通して考えを深めたりするなどの学習活動を充実する」(文部科学省『言語活動の充実に関する指導事例集　中学校版』2011年5月)としている。しかし，この理念とは裏腹に，社会科は暗記教科であるという理解が流布している。子どもはもちろん，保護者，なかには教師でもそう考える人がいる。また，「考える」教科であるとしつつ，授業では

「暗記強要」をしているケースが多い。

　という意味では、文部科学省が「思考力・判断力・表現力等の育成と言語活動の充実」を2008年に答申したことは、社会科教育の現状を変革し、「考える」社会科の実践が広がる契機になることが期待できる。しかし、「低学力」で学習意欲がなく、授業の成立すら危ぶまれている中学校の現場にあっては、教材や授業方法の改善を抜きに「暗記型」授業を脱却し「思考力・判断力」重視＝「活用・探究型」授業へと転換していくことは難しい。

　また、憲法学習では、条文暗記や事項の確認等の暗記型授業に陥りがちである。基本的人権の学習においては、条文を暗記し、その具体例を教える授業が多い。例えば「平等権」の授業では、外国人の選挙権をはじめ、その保障が不十分な事実を学習する。だが、「外国人の選挙権を認めるべきか」という論議も必要だ。賛否両論それぞれの根拠をあげ、価値判断し意思決定していく「思考力」「判断力」を培うことが大切である。暗記型社会科に対して、「見方考え方」「思考力」「判断力」「価値形成」など公民的資質の育成に重要な社会科の学力を重視した「活用型」授業が問われている。

## 3　生徒の感想から考える憲法学習
～アクティブ・ラーニングとの関連から～

　憲法学習を終えた時点で、感想を書かせた。子どもの感想から、憲法学習とアクティブ・ラーニングとの関連を考えてみたい。

　第一に、課題の発見と解決に向け主体的・協働的に学ぶことの楽しさを感じていることである。

　「私は社会科といえば暗記教科と思っていましたが、先生の授業は、確かに覚えることはあるが、考えることや、意外なクイズなどがあり、達成感を覚え、疑問などが解けるワクワク感があります」「いろんな事実について、メリットやデメリットなどいろんな視点から物事を見られるようになったと

思う」「日本国憲法の奇特さや、世界における日本の立場、今なお続く、さまざまな問題の解決方法を考える授業はとても楽しかったです」「9条を廃止するかについて、武力がないと弱いからなくせばいいと軽く考えていました。しかし、最近は、迷うようになりました。そしてニュースが楽しくなりました」という感想である。「疑問が解けるワクワク感」「いろんな観点から物事を見られる」「問題の解決方法を考える」「迷うようになった」という感想は、他者のいろんな意見を聞くことで、価値観の多様性に気づいている。「課題の発見と解決に向けて主体的・協働的に学ぶ学習」である、アクティブ・ラーニングの趣旨と通じるものがある。

　第二に、憲法は、けっして遠いものではなく、身近であるという感想である。

　「人権学習では、過去におこった身近な事件を例に教えていただいたから興味がわき、わかりやすかったです」「私は、憲法は日常生活に深くかかわるものであり、それらはけっしてかた苦しくなく、興味あることだとわかりました」「今、ニュースでも流れていることが憲法と関連していることがわかった。原発問題や領土問題も憲法の課題だということをはじめて知った」等の感想に見られるように、具体的な生徒の興味・関心や、現在生起している事件や事象をとりあげた。憲法はけっして"遠い"ことではなく、"身近"なことであるとの感想は、アクティブ・ラーニングの「学修者の能動的な学修への参加」を促すうえで重要なことである。身近で興味があるから、主体的・能動的に考えようとする意欲が生まれる。

　第三に、憲法の意義と、国民の不断の努力により憲法の中身も変化していることを学んでいることである。

　「裁判を受ける権利や知る権利などをはじめ多くの権利によって守られていること、もちろん義務もあることもわかった」「憲法によって国民が守られ、多くの人々の努力によって新しい法律がつくられ、憲法が豊かになっているのがわかりました」「憲法26条の教育を受ける権利も当たり前と思っていましたが、「教科書無償」「障害者の教育権」など努力によって実現してい

ることがわかりました」等の感想である。

　第四に，社会に主体的にかかわろうとする「参加・参画」の視点が育っていることである。

　「この憲法の考えによって，世界の貧しい国の人を救ったりできることもわかったし，世界が平和になると思う。僕は，この憲法から，人権を求める動きが始まるのではないかと思います」「この憲法を使って何ができるのかと考えるようになったし，もっと詳しく学習して未来につなげていきたいと思う」「日本や世界のために何ができるか考えたことはなかったですが，公民を学習し，貢献できることもあることを知りました。将来は，世界や日本のために活躍できたらいいなと思う」

　第三と第四で紹介した感想は，OECDプロジェクト提案の「キーコンピテンシー」に通じる感想である。「キーコンピテンシー」とは，①相互作用的に道具を用いる力，②社会的に異質な集団で交流する力，③自律的に活動する力と規定されているが，"努力" "行動" "企画" "参画" "貢献" 等のキーワードは，②と③の力に通じる内容である。

　以上のように，単なる憲法条文や重要語句の暗記中心授業ではなく，主権者意識を育てる憲法学習を進めていくことが大切である。

## 7 歌で考える憲法の精神（立憲主義）

見方・考え方

「憲法って何？」と聞くと，「いちばん上の法律」「絶対守らなければならない法律」「日本の支柱」などという意見がかえってくる。ここでは「立憲主義」という憲法の基本を学習する。

### 1 国により異なる文化

「世界に一つだけの花」を歌う。

★**考えよう** 「世界に一つだけの花」から憲法の精神を考える。この歌のなかに日本国憲法の精神（考え方の基本）が示されている。さて何か？

---

そうさ　僕らも　世界に一つだけの花
一人一人違う種を持つ　その花を咲かせることだけに
一生懸命になればいい　小さい花や大きな花
一つとして同じものはないから　NO.1にならなくてもいい
もともと特別な Only one

---

・いろんな考えの人がいても尊重しなければならない
・人はみんないろんな個性をもっている　・人は個性という意味で平等だ
・自分の個性を十分発揮できるように憲法がある

**発問** みんなの意見をまとめると，人はみな（　　　），人はみな（　　　）。（　　　）に当てはまる言葉を入れよう。

答えは（違っていい）（平等である）が妥当だろうか？　他の意見があってもいい。憲法13条「すべて国民は，個人として尊重される」を確認する。

> **○×クイズ** 憲法の精神から考えて，次の①から③で正しければ○，間違いであれば×をつけなさい。
> ①憲法は国民が守らなければならない最高の法律である
> ②法律は，私たち国民に対して，命令やルールづけをし，守らないと国の機関から罰せられる
> ③10人の重罪を犯したとされる容疑者がいる。そのなかの1人は罪を犯しておらず，それは誰だかわからない。しかし，すべての人を無罪にすると社会の秩序が乱れるので，全員を有罪にする

答えは，①：×（疑問をもつ見解もある）　②：○　③：×

憲法は，「私たちが守らなければならない最高の法律だ」と勘違いしている生徒が多い。憲法99条には「天皇又は摂政及び国務大臣，国会議員，裁判官その他の公務員は，この憲法を尊重し擁護する義務を負ふ」という条文を確認し，憲法は国家権力を制限し，国民の人権を保障するものである。②は，法律は憲法と矛盾しないよう制定されることを確認し，法は私たちを守るものでもあるが，遵守しなければならないことを学習する。③は，全員有罪にすれば，凶悪犯人は処罰され，社会は平穏になるかもしれない。しかし，1人の無実の人が犠牲になる。社会のために個人が犠牲になることを強いてはいけないのが憲法の精神である。

「歌」「言葉を考える」「○×クイズ」という手法で，憲法の精神を理解させる。アクティブ・ラーニングによる活動型授業で楽しく学習できる。

【参考文献】
・伊藤真『憲法の力』集英社，2007
・伊藤真『中高生のための憲法教室』岩波書店，2009

**習得**

# 8 学校の歴史から考える憲法
## （大日本帝国憲法と日本国憲法）

大日本帝国憲法と日本国憲法の比較の授業である。一般的には，その違いを表などで比較した資料を使い学習することが多い。しかし，この学習では，興味もなく学習意欲が高まらない。"特別教室はいつつくられたか"という興味あるテーマから，旧憲法と新憲法の考え方の基本を学習した。

## 1　特別教室がつくられたワケ

音楽室，家庭科室，理科室，図書室などの特別教室は，いつごろつくられたのか？　つくられたねらいから，大日本国憲法と日本国憲法下の教育について考える。

**グループ討議** 学校の特別教室はいつつくられたか？

|  |  | 君の予想 |  | 正しい答え |
|---|---|---|---|---|
| 1872年 | 学制（学校がはじまる） | | | |
| 1880年 | （①　　　　　　　） | → | （　　　　　　　　　） |
| 1889年 | 大日本帝国憲法 | | | |
| 1894年 | 日清戦争（日本と中国の戦争） | | | |
| 1904年 | 日露戦争（日本とロシアの戦争） | | | |
| 1910年 | （②　　　　　　　） | → | （　　　　　　　　　） |
| 1914年 | 第一次世界大戦（戦闘機　毒ガス　潜水艦などの発明） | | | |
| 1915年 | （③　　　　　　　） | → | （　　　　　　　　　） |
| 1945年 | 太平洋戦争で敗戦 | | | |
| 1946年 | 日本国憲法公布 | | | |
| 1946年 | （④　　　　　　　） | → | （　　　　　　　　　） |

かなり多様な答えが出される。

### 回答例
① 理科室……日本の科学技術の発展のためには不可欠
図書室……国の翻訳本を読んで日本は西洋に追いつかなくてはいけない
家庭科室……料理や裁縫の仕方を学ぶため
② 家庭科室……千人針を縫わせる
図書室……戦争に関する本を読ませる
③ 音楽室……戦争への参加を歌で呼びかける
理科室……毒ガスをつくる
④ 音楽室……みんな平和に歌を歌える
家庭科室……料理を作って家に持って帰らせる

### A 答え
① 家庭科室……学制は発足したが，女子の就学率が低く，それをアップするために裁縫を教える家庭科室が設置された
② 音楽室……2つの戦争が終わったが，戦争で勝利するためには，唱歌を通じて国民を鼓舞する必要性があったから
③ 理科室……第一次世界大戦はいろんな武器がつくられ，科学戦争であった。戦争にむけた科学技術のために理科室が設置された
④ 図書室……日本が軍国主義になったのは多角的なものの見方ができなかったからであるという，GHQの認識のもと，図書室が設置された

## 2 なぜ宿直があったのか

**Q クイズ** 学制がはじまってから1970年くらいまで，学校では先生の（　ア　）があった。1945年までは，（　イ　）が，その理由である。

アは多様な答えがでる。「給食」「自由な解雇」「生徒への理由なき体罰」「生徒からの投票」等。

**A 答え** 「宿直」

その理由は、1945年までは、御真影を守るための勤務だった。

## 3 大日本帝国憲法と日本国憲法の比較

★★ **考えよう** 以上の事例から、大日本帝国憲法と日本国憲法の違いは何か？

・大日本帝国憲法では、教育がすべて戦争や国力アップのためにおこなわれている
・大日本帝国憲法では、生徒や教室を守ることより御真影（天皇）を守ることが大切とされた
・大日本帝国憲法では、音楽や理科の勉強だけでなく、すべての教科が戦争を念頭に置いていた
・日本国憲法では、それぞれがいろんな考えをもつことを許された
・日本国憲法では、学問の自由や批判的に見ることが認められた
＊教科書の、2つの憲法の比較を説明し、授業を終える。

以下の参考文献では、約20ページにわたり、特別教室の変遷とその背景について書かれてある。詳しくお知りになりたい方は下記の文献を読んでいただきたい。ここでは、この優れたネタをどこかで活用できないかと考え、実践してみた。

【参考文献】
・千葉保『はじまりをたどる「歴史」の授業』太郎次郎社エディタス、2011

# 9 がんこ親父なら結婚できないのか（婚姻）

習得

「婚姻届」から家族に関する法や，氏名について学習する。予告で「次の時間は婚姻届を書いてもらいます」という時点で，テンションが高く，収拾がつかない（笑）状態からしても，この教材のすばらしさがわかる。

## 1　婚姻届を書こう

　時間の関係で「自分の名前」「住所」「結婚相手の名前」「どちらの氏を名乗るか」の数点だけを書かせる。男子のなかには書けない生徒もいるので，私の娘である「河原朋子」を紹介した。女子は「芸能界」をはじめ，「実際の結婚したい相手」「架空の相手」などスムーズに書いている。

A　安藤琢磨／河原朋子／夫の氏
B　桜井翔／中西茜／妻の氏（無理に妻の氏にした）
C　赤坂徹／マツコ・デラックス（書くと歓声があがる）／妻の氏
D　山本彰／深谷日向（本命なのでみんなから歓声があがる）／夫の氏

 Aの安藤琢磨君と河原朋子さんは，今すぐ結婚できるか？

　すべての生徒が「結婚できない」と返答。理由を聞くと，「男子は18歳，女子は16歳にならないと結婚できないから」。

**Qクイズ**　5年後，安藤君が18歳になりました。私の娘は28歳になりました（この数字は偽り）。でも，私の連れ合いは賛成だが，私は中学時代の安藤君を知っているので反対です。（笑）この場合，安藤君は結婚できるのか？

班で相談させ，○×で答えさせる。意見は２つに分かれる。答えは「どちらかの親の承諾があれば結婚できる」ので○。また，両方の親が反対しても，20歳になれば結婚できる旨を伝え，憲法24条の条文を確認する。

> **Q クイズ** Bの桜井君と中西さんが結婚しました。中西さんの親は結婚の条件として，中西の名前を変えないようにという条件つきです。しかし，桜井君は中西翔になれば（笑）芸能活動に影響がでます。そこで，別々に姓を名乗ることにしました。これは許されるのか？　日本で別姓が認められていたら○，そうでなければ×で答えなさい。

　答えは半分に分かれる。理由を聞く。

> S:「知り合いに結婚しても名字を変えていない人がいる」
> 　「前原先生も結婚したけど，そのまま前原のままだよ」
> 　「婚姻届に夫の氏か，妻の氏かでチェックする箇所がある」
> 　「両方にチェックして提出すればいいのでは」
> T:「私の友人に結婚しても氏を変えていない人がいます。（そうだ！やったの声）でも……これはあくまで通称名で，法律でもどちらかの氏を名乗らなければならないと書かれています。答えは×です」

> **★ 考えよう** Cの赤坂君とマツコ・デラックスにいきましょう。（これだけで笑いがおこる）この２人は男と男ですね。絶対結婚できないのでしょうか？

　すべての班が「結婚できない」。

> T:「そりゃ，同姓どうしでは結婚できないですよね。でも時代の流れで，最近，同性愛が増えてきたから法改正が2007年に行われました。（うそっ！　の声）結婚の条件は，『性転換手術を受けていること』『２人以上の医者の認知』などですが，法律も時代の変化とともに変わることは知っていてください」

　以下，順次検討していくが，紙数の関係で省略する。

## 2 国民の意見と夫婦別姓や同姓の国々

内閣府の「家族の法制に関する世論調査」の統計資料を提示する。「夫婦は同じ姓を名乗るべき」(36.4%)、「希望する場合、それぞれ別の姓を名乗れるようにする」(35.5%)、「同じ姓にすべきだが、通称名は自由に」(24%)、「わからない」(4.1%)の資料を示し、国民の意見の現状を提示する。

そして、諸外国はどうなのか。次の表を示す。国によって、別姓と同姓など、いろんな国があることを理解させることが目的だが、単に示すだけでは印象が薄いのでクイズ形式で学習している。

> **Q クイズ** 次の（　　　）に当てはまる国名をいれなさい。ヒントは、2つともヨーロッパの国です。

> **A 答え** 「スイス」と「フランス」

**世界の状況** ※南野聡「諸外国における氏制度の調査結果について」『民事月報46』を参考

| | |
|---|---|
| 同姓が原則 | オーストリア、日本、インド、タイ、（　　　） |
| 夫は変わらず妻のみ選択 | イタリア、ペルー、オランダ、ハンガリー、ポーランド、ブラジル、台湾、イスラエル　など |
| 夫婦とも選択を認める | アメリカ、イギリス、オーストラリア、カナダ、ドイツ、ロシア、ベルギー、ノルウェー　など |
| 別姓が原則 | スペイン、北朝鮮、サウジアラビア、中国、（　　　） |

＊本実践は、安井俊夫氏（元愛知大学）の着想を参考に組み立てたものである。「婚姻届」は、婚姻制度の変化、姓名、女性の人権など多様なテーマを考えることができる優れた教材である。

## 10 日本は夫婦別姓にすべきか（マイクロディベート） 【活用】

マイクロディベートによる「夫婦別姓の是非」を問う授業である。マイクロディベートの有効性は，通常のディベートと異なり，短時間で簡易に実践できることである。

### 1 マイクロディベートの手順

ストップウォッチを用意し，授業に臨む。

① 個人で，夫婦別姓にすることによる「メリット」「デメリット」を３つ以上書く。（5分）
② 個人で賛成と反対の意見をまとめる。（5分）
③ クラスを３人ずつのグループに分け，肯定側・否定側・ジャッジのすべての役割をすることを告げる。ジャッジは，＜9対1＞＜8対2＞＜7対3＞＜6対4＞でその理由も含めておこなう。
④ マイクロディベート
　＜肯定側立論＞肯定側の意見を述べる。（1分）
　＜否定側立論＞否定側の意見を述べる。（1分）
　＜肯定側質問＞否定側から肯定側へ質問する。（1分）
　＜否定側質問＞肯定側から否定側へ質問する。（1分）
　＜ジャッジ＞理由を述べジャッジをする。（1分）

＊以上を３回繰り返す。時間は15分で終了する。最後に18点を獲得した生徒に挙手させる。

公民プリント No.6　日本は夫婦別姓にすべきか
（　）組（　）番（　　　　　）

◆夫婦別姓について「マイクロディベート」で考えてみよう
◇参考資料
＜ワークシート例＞

**世界の状況**

| | |
|---|---|
| 夫婦同姓を原則とする | オーストリア、日本（スイス）、インド、タイ |
| 夫婦同姓からず、夫婦別姓のみの選択を認める | オランダ、ハンガリー、ポーランド、イスラエル、ブラジル、台湾、イタリア、ベトナム など |
| 夫婦同姓、別姓ともに選択を認める | アメリカ、イギリス、オーストラリア、カナダ、キリシア、ドイツ、ロシア、ロシア、ベルギー、ノルウェー、ルーマニア、スウェーデン など |
| 夫婦別姓を原則とする | スペイン、サウジアラビア、ポルトガル、中国、北朝鮮 など |

2012年12月
（内閣府「家族の法制に関する世論調査」）
（南野知惠子「諸外国における氏制度の調査結果について」「医事月報46」による）

◇論題「日本は夫婦別姓にすべきである」
〈メリットを３つ以上考えよう〉
・女性が仕事をしやすい
・長年続いてきた家系がとだえない
・芸能人が名前を変えずに済む
・男女共同参画推進！
・ずっと続いてきたしきたりや家の文化を守れる
・子どもはどちらの名字を名乗るべきかわからない
〈デメリットを３つ以上考えよう〉
・夫婦の溝ができる
・独身か偽り、浮気ができる
・周囲の人への名字の変更の知らせが面倒
◇ジャッキー、ジョイナー、カーシーってどれが名字、名前？
（　　　　）（　　　　）（　　　　）

〈意見をまとめよう〉
◇私は夫婦別姓に賛成です。その理由は
女性が名前を変えることなく仕事ができ、やりやすいと思うからです。
また、長年続いてきた家系が途絶えないからです。

◇私は夫婦別姓に反対です。その理由は
独身であると偽り、浮気ができるからです。
また、子どもはどちらの名前を名乗ればよいのかがわからなくなるからです。
また、周囲の人への名字の変更の知らせが面倒だからです。

◇３人組になってマイクロディベートをしよう
《手順》
1 肯定側立論（1分）　2 否定側立論（1分）
3 肯定側質問（1分）　4 否定側質問（1分）
5 ジャッジ（1分）
→すべての人が「肯定」「否定」「ジャッジ」を行う

◇ジャッジは「9対1」「8対2」「7対3」「6対4」のいずれかでジャッジをする
《ジャッジメモ》

〈賛成）側が（9）対（1）で勝ち。その理由は、説得力のある説明だったからです。

＊私の得点（9）＋（1）＝（10）点

## 2　夫婦別姓の是非を定期テストで問う

　学習のまとめは,「夫婦別姓の是非を100字程度で書く」というテーマで,定期テストで書かせた。以下がその一例である。
《賛否の数》110名中　賛成70・反対40

### <賛成>

① 　今の社会は男女平等が基本である

　今日の社会は,男女平等が基本であり,男女ともに一方の姓に縛られることなく,希望した場合においては,個々が自由に姓を名乗れるというようになればいいと思うからです。それにもし離婚した場合も目立たず,社会に出やすいと思います。

② 　個人の意見を尊重すべきである

　別に同姓にしなければならないという理由が見つからないし,仕事の時に姓が変わるといろいろ面倒くさいことがでてくる。私は憲法に書かれている「個人の尊重」ということからしても,夫婦別姓を尊重すべきだと思う。

③ 　仕事上かなり不便

　私は結婚しても仕事をしたいと思っているので,社長や上司にせっかく名前を覚えてもらったのに,もう一度覚えなおしてもらうのは大変だし,名前を変えたことをメールなどで関係者に知らせることも手間がかかると考えたからです。

④ 　共働きの社会では別姓がいい

　少し前までは,男性が働き,女性が家事をするというのが主だったが,今では共働きをするのが主流になってきている。そのことから考えると,夫婦別姓にしたほうが現代社会にマッチしている。

### <反対>

⑤ 　一体感がなくなり日本の伝統が崩れる

　自分たちに子どもが産まれたとき,どちらの姓にするかでもめる可能性があり,夫婦の一体感がなくなると考えます。また,日本の伝統である夫婦同

姓の伝統が崩れてしまうと思うからです。

⑥ 夫婦は運命共同体だ

　夫婦になった時から，運命共同体で生きていくのに，名前だけをそのままというのはおかしい。また，名前が違うと夫婦の間に距離が置かれ，みぞができてしまう。そして，子どもがどちらの氏にするかでもめるから。

⑦ 結婚したことを実感できなくなる

　結婚しても名字が違うと，本当に結婚したのかどうかの証明にならないし，自分の祖先の時からずっと家族は名字がいっしょだったので，それを引き継ぎたいです。また親が別々の名字だったら，その子どももどちらの氏を名乗ればよいかわからないし，親が名字を統一しているから自分の将来の姓で考えることもない。

⑧ 家系や家族の分断につながる

　別姓になると，子どもも別姓になってしまい，代々受け継がれてきた名字や家系がとだえてしまう。また，家系や家族が分断されると，介護放棄や核家族化など，家庭内のトラブルがおこる可能性がないとはいえない。

　賛成派は，「個人の尊重」「男女平等」「女性の社会進出」「家系を継ぐというのは前時代的」という意見に見られるように，憲法精神による，いわゆる「進歩的」な考えを基軸にした意見といえる。一方，反対派は，「日本の伝統」「夫婦は運命共同体」「名字や家系の継続」という意見に見られるように，旧民法の考えを基軸にした意見といえる。また，「家族と夫婦の一体化」という側面を強調しながら「家族」「夫婦」の在り方にも言及している。つまり「夫婦別姓の是非」を考えることは，「法」制定の背景にある，「社会に対する見方・考え方」に迫る有効なテーマであることが明らかである。以上のような具体例を提示しながら，「法的見方・考え方」を培うことが大切だ。

## 11 習得 隣の人を訴えるなんて！（裁判を受ける権利）

1983年という少し古い事件（隣人訴訟）だが，国家権力ではなく，国民からの圧力により裁判が中止された事件であり，主体的に「裁判を受ける権利」を考える題材である。

### 1 隣人訴訟とは

　1977年5月，隣人に自分の子どもを預けて外出し，預かった夫婦が目を離したすきにその子どもが水死してしまった事件である。授業では脚本をつくり，役割分担し劇化する。

> ナレーター：「時は1977年5月，三重県鈴鹿市」
> A：「買い物に行くから，子ども預かってくれないかな」
> B：「何歳だっけ？」
> A：「3歳だよ」
> B：「うちも子どもがいるから，いっしょに遊ばせるから」
> ナレーター：「しかし，Aさんの子どもは，近くのため池に行き，水死してしまいました」

◆**発問**　そして，子どもを亡くしたAさんは，Bさんと，ため池の管理者としての国・三重県・鈴鹿市と建設業者を相手に損害賠償を求め，津地裁に民事訴訟をおこした。裁判の結果はどうなったか？

　約半数は「預かったのに責任をもたなかったBさんが悪い」という意見。だが「管理者の国などには責任はない」との意見が圧倒的。
　1983年の津地裁の判決を紹介する。

Bさんに526万円の損害賠償を命じる。Aさんもため池で事件がおこる可能性を予想できたことから，損害賠償額を減額する。国，県，市や建設業者には責任はない。

## 2 その後のAさんは？

**発問** さて，この裁判結果を受けて，その後，思わぬ展開をすることになる。どうなったか予想してみよう。

S:「Bさんが控訴した」「AさんがBさんを殺そうとした」
T:「BさんAさんとは関係ない他の人の反応だよ」
S:「子どもを預かってくれた人に損害賠償を請求するのか」
T:「他人がAさんへ嫌がらせの手紙を送ったり，電話をしたのです。例えばどんな言葉が予想されるかな」
S:「"金目当てか！"」「"善意で預かってくれたのに"」「"Bさんがかわいそう"」
T:「そこでAさんはどうしたと思う？」
S:「自殺？」
T:「この裁判を取消し，損害賠償も返却した。そして，子どもへの嫌がらせもあり，Aさんは引っ越さざるを得なくなった」

## 2 その後のBさんは？

Bさんは，この判決を不服と考えていたので，控訴しようとしていたことを確認する。

T:「今度はBさんへの嫌がらせがはじまります。さて，どんなことだろう」

> S:「"人殺し"」「"Aさんの気持ちを考えろ"」「"そんなに金がおしいのか"」
> T:「そうだね，そんな嫌がらせもありBさんも控訴を取り下げました」

この後，法務省が，「裁判を受ける権利」を守るために異例の見解を発表した。

> **書く** 法務省の立場で，国民に対する見解を書こう。

**回答例**

- 今回の隣人訴訟においては，みなさんの心ない圧力により，裁判を受ける権利が侵害されてしまいました。人権は国が守るべきものです。国民自らがその権利を侵害するとはとんでもないことです。
- 憲法32条には裁判を受ける権利が保障されています。昔は，この権利すら保障されていなかったこともありました。それを，国民のみなさんが自ら奪ってしまったのです。

＊法務省の見解を紹介する。

「国民一人ひとりが，法治国家体制のもとでの裁判を受ける権利の重要性を再確認し，再びこのような遺憾な事態を招くことがないよう慎重に行動されることを強く訴えるものである」

裁判を受ける権利も「不断の国民の努力」により守っていかないといけないというメッセージからの授業である。子どもたちの自由な発言が引き出しやすい内容であり，裁判を受ける権利を守るための国民の責務が理解できる優れた教材である。

## 12 授業方法 憲法9条と安保条約の是非を考える（紙上討論）

憲法9条と自衛隊（1次），米軍基地のメリットとデメリットを考え（2次），「憲法9条と安保条約の是非を考える」紙上討論（3次）を実施した（2012年の実践であり，「集団的自衛権」が国民的議論になる以前のものであることをお断りしておく）。

ここで，9条と安保を同時並行的に議論したのは次の理由による。
① 平和主義と安保体制は，相互補完的関係があるとともに，矛盾する関係でもあり，どちらか一方だけでは考えられないテーマである。
② 日本の安全保障の在り方を議論する場合，9条と安保の是非は必ず論点として浮上してくるテーマである。
③ 日本の国際貢献を考える時，9条による平和貢献と，アメリカとの協力による貢献という対立があり，そのことを同時に考える必要がある。

### 1  憲法・安保論争　PART 1

3時間の授業後，定期テストで以下の問題を出題した。

> 憲法9条と日米安全保障条約については，国民のなかに賛否両論がある。次のマトリックスのどの位置が，君の考えですか。その位置に◎印をし，そう考える理由について200字以上で答えなさい。

```
                    憲法堅持
          11名        │        60名
  安保廃棄 ────────────┼──────────── 安保堅持
           7名        │        12名
                    憲法廃棄
```

**回答例**

◆憲法堅持，安保堅持（60名）：日本の9条を見習う国もでてくる

　北朝鮮とのミサイル問題や中国との尖閣問題などがあるなか，アメリカがバックにいるかいないかでとんでもない事態になりかねないので安保は必要だ。9条については，今まで平和主義でやってきたわけで，平和貢献の名のもととはいえ，血を流すのは危険だ。日本の今のような平和貢献をいいと考えている国もあり，また，それに続くような国がでてくればいいと思う。

◆憲法廃棄，安保堅持（12名）：軍隊をもたないのは独立国としておかしい

　9条1項に「武力は永久に放棄する」とあるが，もし他国が日本に攻めてきた時にアメリカの軍隊にまかしておき，日本国民が何もしないというのは独立国としておかしいと思う。また，2項は，自衛隊は世界に通用する軍備を備えているので，現実と合わない条文になっているため，9条は廃棄したほうがいいと思う。また安保は，国際的に孤立しないためにも保持し，アメリカとの連携を進めながら世界に貢献すべきだ。

◆憲法堅持，安保廃棄（11名）：9条を維持し，米軍基地を縮小，自衛隊を残す

　9条は，戦争という過ちを二度としないように反省してつくられたものです。70年前につくられましたが，日本はこれ以降戦争していないし，これを後世に伝えていく義務があります。米軍基地については，騒音や米軍の暴行など，さまざまな問題があります。ただ，メリットも多くありますが，沖縄の人たちのことを考えた時，デメリットのほうが多いので縮小すべきだと思います。結論は，現在の領土問題などを考えた時，自衛隊は自国を守るために残し，米軍基地は縮小するのが現実的対応だと思う。

◆9条廃棄，安保廃棄（7名）：アメリカは有事の時に守ってくれないので軍隊をもつ

　竹島問題がおこった時，アメリカは韓国とも条約を結んでいるという理由で，動いてくれなかった。このように，いろんな国々と条約を結んでいるアメリカが，有事の際に日本を守ってくれる保障はない。だとすれば，独立国

である日本が独自に守ることしかないと思うので，9条を改正し自衛隊を軍隊として位置付けるべきだと考える。

その後，上記に代表される14意見を提示し，賛否を問うとともに，その理由を書かせた。

〈提示した回答と第一回投票結果〉　＊左が賛成，右が反対

◆憲法堅持，安保堅持　　73－20票
◆憲法廃棄，安保堅持　　42－13
◆憲法堅持，安保廃棄　　31－29
◆9条廃棄，安保廃棄　　15－52

現状維持派が多いのが特徴である。

「安保廃棄」については，沖縄の現実や住民感情から「廃棄」という意見もあるが，世界や日本の現状を考えると「堅持」が圧倒的に多い。また「9条を堅持するためにも安保は必要」という意見もある。

「9条廃棄」については「領土問題」や「中国や北朝鮮の脅威」そして「日本の防衛について，アメリカは守ってくれない」という根拠から発言する生徒が多い。しかし，60％は「9条堅持」であり，その根拠は，「唯一の被爆国」「廃棄は軍事国家への一歩」「徴兵への道を開く」「平和主義で有利に外交ができる」等，多様な意見がある。

「集団的自衛権」については意見が分かれている。

## 5　9条と安保について議論する　PART2

紙上討論の2回目は，定期テストの回答に対する投票と，そう考えた理由について書かせた。以下がその意見である。生徒には18の意見を提示したが，ここでは代表的な数例を紹介する。

＜討議の柱１：憲法９条は改正すべきか＞
【９条改正賛成】
◆９条では現実的な対応はできない
　９条は，国民にとってや海外向けアピールとしてはよいように見えるが，今の国際情勢を見る限り絵空事である。もし今のような領土問題などがある時，戦争になったと仮定しよう。後方支援などしか実践していない自衛隊だけで防衛できるのか不安である。アメリカをはじめ他国が有事の際に動けるとは限らない。よって，もっとも危険な状態である。
【９条改正反対】
◆独立国として軍のない国があってもいい
　日本は約70年間戦争をしていないすばらしい国です。外国でも，日本は武器を使わない国だと知っているので，兵力引き離しに日本人が使われることも聞いた。独立国として軍がないのがおかしいという意見もあるが，別にそういう国があってもいいし，日本の好印象をくずさないためにも米軍に守ってもらえばいい。自衛隊は世界でも通用する軍備を備えているが，９条は自衛戦争を認め，侵略戦争を否定しているとの解釈なので，現実と合っている。
＜討議の柱２：安保は堅持か廃棄か？＞
【安保廃棄】
◆集団的自衛権行使は間違い
　自衛隊は防衛するための集団で，あくまで軍隊ではない。アメリカ軍は防衛だけではなく攻撃もする名の通り軍隊だ。その両国がいっしょに中国などを威嚇すると，他国から日本は平和主義を放棄したと見られる。これは平和主義を貫いてきた日本の信頼を失う。
【安保堅持】
◆アメリカあってこそ日本の安全がある
　言い方は悪いですが，日本は中国や北朝鮮になめられている。他国から警戒されており，世界の警察を自認しているアメリカに守ってもらっていることで，何とか日本の安全は保たれている。

◆日本の安全保障を最優先すべき

　沖縄の人が不快な思いをしていることは事実だし，いろんな米軍兵士にからむ事件がおこっていることはある。しかし，<u>もっと大切なのは日本の安全保障だ。沖縄への何らかの補償をしつつ，米軍に守ってもらう以外にない。</u>

　2回目は，授業中に10分程度，他者の意見についての考えを書かせた。また，新たな論点もでてきており議論の深まりも見られる。ここまでの議論を整理してみよう。

　第一に，尖閣をはじめとする領土問題から考えようとする意見がある。

　9条については「もし今のような領土問題などがある時，自衛隊だけで防衛できるのか不安である」という廃棄の意見や，「9条を変えると，尖閣など，国際的なトラブルのある地域における国際裁判においても不利に展開する恐れがある」とする堅持の意見である。

　安保については，堅持の意見として，「日本は中国や北朝鮮になめられている。世界の警察を自認しているアメリカに守ってもらっていることで，何とか日本の安全は保たれている」「中国は，ベトナムでも，自分の領土でもないのに領有権を主張しています。尖閣の次は，もともとは中国と朝貢関係だったと沖縄の領有を主張しかねません」との意見である。廃棄の意見は「両国が一緒に中国などを威嚇すると，他国から日本は平和主義を放棄したと見られる」としている。

　第二に，平和貢献から価値判断する意見である。

　これは9条を堅持する意見が多い。「（略）外国でも，日本は武器を使わない国だと知っているので，兵力引き離しに日本人が使われることも聞いた」と具体的な紛争解決場面での日本の役割にふれた意見である。また「世界で唯一原爆被害を受け，戦争の恐ろしさや平和の大切さを世界に伝える義務がある」「他国と横並びではなく，平和国家日本をアピールすればいい」とする啓蒙的な役割について述べた意見があった。

第三に，若干修正を加えることで，合意形成をはかろうとする意見である。
　安保については，沖縄に対して，何らかの対策を立てながら堅持する修正案意見がある。「アメリカと対等になるような施策や，犯罪を日本の裁判所で裁けるよう変えていくことが大切である」「沖縄への何らかの補償をしつつ，米軍に守ってもらう以外にない」という意見である。
　また，9条と現実との乖離を埋める必要があるとの意見もある。「紛争地域でインフラ整備や後方支援の場合は，護身用の武器の携帯を認めるよう改正すれば，他国の信頼もなくさないと思います」と，現状の自衛隊の海外派遣を認めつつ憲法9条を堅持しようとする意見である。

## 6　9条・安保論争　PART3

　3回目の論争は，2回目の意見を提示し，それに対する賛否意見を問う形で実施した。しかし，3回目ともなると，意見も硬直し，新たな論点や深まる意見が少なくなる。以下，新しい論点を紹介する。
　憲法改正の意見は次の2つに集約される。
　第一に「憲法押し付け」論からの改正論である。
　「結局，日本の今の民主制度は，戦後，GHQによってつくられたものです。（略）という意味では，現憲法は押し付け憲法です。あくまでもアメリカの押し付けなので，改正も考えていいと思う」
　第二に，領土問題をはじめとするさまざまな問題に9条は無力であるとの意見であるとし，「集団的自衛権」の行使を強調する意見もでてくる。
　「憲法の平和主義が，他国に好印象をもたれていることをすばらしいように言う意見があるが，それが外交上，何かメリットでもあるのでしょうか？そんな綺麗事より，今現在噴出している防衛問題がちゃんとできなければ意味がない」
　「アメリカに防衛面で助けてもらえばという意見が多い。（略）アメリカ人だって，いくら条約があるからといって，心情的に許さないだろう。だから，

日本は「集団的自衛権」を行使し，アメリカとともに守るというようにすべきである」

そして，9条改正反対派の意見である。

第一に，軍事大国化への第一歩になると批判する意見である。

「集団的自衛権を行使するとは，アメリカといっしょになり他国の攻撃から守るというといいように見えるが，現実的には米軍と自衛隊（この時点では軍隊になる）がいっしょになり，他国と戦争をするということだ。事実，アメリカはイラクに対して，大量破壊兵器がないのに攻撃している。集団的自衛権は，軍事国家への一歩と考えます」

第二に，9条による平和貢献という意見である。

「『失敗は成功のもと』とよく言われます。ここで『失敗』というのは，過去におこした戦争で大量の血を流したことです。（略）『成功』とは『9条による世界への貢献』です。だから，簡単に9条を変えてはいけないと思います」

協働の学びにより他者の異見から認識が揺れつつ，意見形成しているのがわかる。本実践後，6人の有識者（伊藤元重氏，藤原帰一氏，中島岳志氏他）の意見に対する見解を書かせた。これについては拙著『スペシャリスト直伝！中学校社会科授業成功の極意』（明治図書，2014）を参考にしていただければ幸いである。

# 13 なぜ選挙に行かなくちゃいけないの？（選挙）

**習得**

参政権の授業である。権利としての参政権とともに、最近の若者の政治的無関心の象徴ともいわれる投票率の低下を中心に学習し、なぜ、投票に行かなくてはならないかを考える。

## 1 こんなエピソードで導入

　教室に、選挙管理委員会からお借りした「投票用紙」を持ち込む。「この用紙はすごいぞ！　何が？」と問う。「息で字が消せる」「指で書ける」などの楽しい答え。用紙を折り、下方に落とすと自然と紙が開く。「なぜ？」と問う。

　「開票が早くできるように」との答え。2010年の衆議院選挙では、約545億円もの莫大な費用が使われたことも学習する。「AKB48」の総選挙の「不平等選挙」と比較しながら、「平等選挙」の意味も確認する。

## 2 先生は内閣総理大臣になれるのか

　教室の黒（白）板に、投影機で、私の拡大写真を写す（10年前の写真なので和やかな雰囲気が教室に漂う）。

> **Q クイズ** この人は河原和之です。住所は、大阪府八尾市、職業は教員、学歴は関西学院大学卒です。次の①～⑥の〇×クイズに答えなさい。

① 内閣総理大臣に立候補できる　　② 国会議員選挙に立候補できる
③ 高槻市長に立候補できる　　　　④ 大阪市長に立候補できる
⑤ 高槻市議会議員に立候補できる　⑥ 大阪府議会議員に立候補できる

＊すべて1か月以内に選挙があるという条件である旨を伝えておく。
　意見は分かれる。指名しながら理由を聞いていく。
① 「国会議員でないと内閣総理大臣になれない」「どこかの政党に属していないとなれない」など→答えは「×」。
② 「有名人でないとなれない」（「先生は有名人でないのか」とつっこむ）→答えは「○」。
③ 「そこに住んでいないと立候補できない」「地域の願いがわからない」→首長は，どこに在住していても立候補可能である。答えは「○」。
④ 同様に「○」。
⑤⑥は，在住でないと立候補できない。したがって⑤「×」⑥「○」。

### 3　選挙権の歩み

　選挙権獲得の歴史を復習する。先人の努力により，獲得された選挙権を確認しておくことは大切である。
　「1890年の第1回衆議院選挙で選挙権があった人は？」
　「納税に関係なく，すべての男子に選挙権が認められたのはいつ？」
　「（浜松市議会議員選挙の長い行列の写真を提示し）この制度での最初の選挙である浜松市議会議員選挙の投票率は？」（答えは93％），「女性にも投票権が認められたのはいつ？」等，テンポよく発問し復習していく。

### 4　外国の選挙制度

　最近は，若者を中心に投票率が低くなっている現状にふれる。

> **発問**　海外では90％，99％と高率の投票率の国がある。さて，このような国々では，投票率をアップするためにどのような方策をとっているのだろう？

・罰金をとる　　・国外追放　　・5人組（笑）・税金アップ
＊いろんな国のペナルティーを紹介する。
・アルゼンチン……約20ドルの罰金及び3年の公職，公務就任の禁止
・オーストラリア……50ドル以下の罰金
・シンガポール……投票権がなくなる場合がある
・エジプト……20エジプトポンドの罰金
・ギリシャ……1か月から1年の自由刑
・ベルギー……5フラン以上10フランの罰金

## 5　参政権を保障するために～日本の場合～

**発問**　日本では，投票率をアップさせるためにどうしているか？

・呼びかけている　・当日に用事があれば，事前に投票できる
・投票の終了時間を夜の8時までにし，遊んで帰ってからも投票できるようにしている

　外国の大使館や，まぐろ漁船など海上で仕事をしている人の投票はどうしているのか？

S：「大使館はメールなどで対応できるけど，まぐろ漁船は無理やろ」
T：「まぐろ漁船の船員さんにも投票権は保障されているよ」
　　「まぐろ漁船だよ。1年近く漁に行く，このような人たちに対しても，できるのかな？」
S：「ファックスで投票する」
T：「正解だよ。海外にいる人を含め，すべての人が投票できるようにいろいろ工夫しています」

まぐろ漁船での投票の写真を見せる。

## 6 投票率が低いとどうなるか

このように、選挙権を保障しようと努力しているにもかかわらず、日本の投票率が低下していることにふれ、以下の問いをする。

次のグラフを見て気づいたことをあげよう。

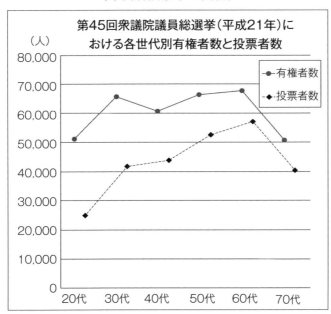

〈年代別投票率の変化〉

- 高齢者ほど投票率が高い
- 若者は有権者が多いのに、投票率が低い
- 特に20代の投票率が最悪

★ 考えよう 「若者の投票率が低いと、若者は損をしている」といわれている。この意味は？

S:「せっかく得た選挙権なのに無駄にしている」
T:「選挙権って何か得するの」
S:「……」「政治に意見を反映できる」
T:「何かわかりにくいね。もし，この状況で，君が選挙に立候補するとして，どのような政策を掲げますか」
S:「高齢者に都合のいい内容」「年金の充実とか」「老人ホームの拡充」
T:「つまり，投票者の多い人をターゲットにした政策のほうが選挙に当選しやすいということだね」
S:「なるほど，若者が多く選挙に行くようになると，若者向けの政策を掲げるってことか」
「18歳に選挙権が拡大されたから，僕たちが投票に行くようになれば，若者向けの政策をしてくれるかも」
T:「例えば，どんなことかな？」
S:「高校授業料の無料化」「奨学金を増やす」「大学定員のアップ」
「若者のスポーツへの振興策」「教科の選択制」
T:「ってことで，みなさん選挙に行きましょう！」

「参政権」について，いろんな角度から多様な手法で学習する。「投票率が低いとどうなるか」を実感するために，「若者の低投票率」のなかでの政策を考えるワークショップから，投票する意義を考えさせたい。

## 【参考文献】
・西修監修『世界地図でわかる日本国憲法』講談社，2008
・池上彰『池上彰の政治の学校』朝日新聞出版，2012

# 14 サザエさん裁判！ どちらに軍配？（裁判の種類）

**習得**

刑事裁判と民事裁判の違いを学習する。教材選択がポイント。「有名な事件」「中学生の事件」「身近なところで生起した事件」「芸能界の事件」などをとりあげると，興味ある学習が可能である。

## 1 「高1 放火・殺人容疑」は何裁判？

刑事裁判は「警察がからむ」，民事裁判は「原告と被告になる人がいる」，行政裁判は「国や自治体が訴えられる」，と簡単な説明をする。

> **グループ 討議** 次の事件は，刑事裁判，民事裁判，行政裁判のどれか。
> ① 立川バスが，サザエさんの漫画をバスに描き，3672万円の賠償金を，長谷川町子財団から訴えられた
> ② 中学2年生の生徒が，千円札を自販機でも使用できるよう「精巧品」を偽造した
> ③ W杯ツアー客が，フランス大会の日本観戦ツアーに行ったが見られなかったので，東急観光に約330万円の賠償請求をした
> ④ 池田市の高校1年生が，「親に仕返し」という理由で，家を放火し親を殺害した
> ⑤ 吉本興業の島田紳助さんが，社員を殴ったとして傷害容疑で訴えられた
> ⑥ 神戸で，息子が高熱を出し，日曜日に医者や病院を訪ねたが，たらい回しされたあげく息子を死なせてしまった

**A 答え** ①民事 ②刑事 ③民事 ④刑事 ⑤刑事 ⑥行政

## 2 原告，被告，容疑者，そして被告人

**★ 考えよう**

① 「原告」「被告」はそれぞれ誰か。
② 裁判に訴えるのは誰か。
③ 賠償金をめぐり裁判所が仲介し，決着をつけることを何というか。
④ この事件が審議される裁判所はどこか。
⑤ 事件をおこしているのに，島田紳助ではなく，島田紳助さんというのか。
⑥ 「原告」「被告」はそれぞれ誰か。

**A 答え**

①原告：長谷川町子財団　被告：立川バス　②検察官　③和解
④家庭裁判所　⑤裁判で判決がでるまでは犯人ではないから
⑥原告：両親　被告：神戸市

## 3 警察と検察官はどう違うか？

**★考えよう** 次の仕事や任務は警察か，検察か。表に○をしよう。

| 仕事・任務 | 警察 | 検察 |
|---|---|---|
| ① 都道府県ごとの知事の所轄のもとに置かれている | | |
| ② 全国の裁判所に対応する最高検・高検に置かれている | | |
| ③ 地域に密着の実力集団 | | |
| ④ 法を熟知した頭脳集団 | | |
| ⑤ 容疑者を起訴する権限がある | | |
| ⑥ 犯罪があると思う時は犯人及び証拠を捜査する | | |
| ⑦ 必要と認める時は自ら犯罪を捜査する | | |

**A 答え**

①警　②検　③警　④検　⑤検　⑥警　⑦検

最後に「警察」と「検察」の違いを文章でまとめる。

# 15 君のアリバイは？
## （裁判に関する人権）

**習得**

逮捕の要件を中心に「身体の自由」について考える授業である。近くでおこった事件を事例に，臨場感をもって憲法の精神を学習する。

## 1 あなたのアリバイは？

数か月前から，校区や当該の地方公共団体で発生した刑事事件を新聞で探しておく。2012年，高槻市で実践した授業では，次の記事を使用した（一部時間等は変更して使用）。

---

**女性がはいた靴狙った？**
**男が襲撃，パンプス消える**
**高槻，昨夏から次々**

17日午後5時半ごろ，大阪府高槻市奥天神町路上で，帰宅途中の女性会社員（35）が男に押し倒されたと，近所の人から110番通報があった。府警によると女性にけがはなく，かばんも無事だったが，左足のパンプスがなくなっていた。（以下略）

---

**書く** あなたが，この事件の重要参考人として警察で取り調べられることになってしまいました。警察では，9月17日午後5時半のアリバイとそれを証明する人を聞かれました。今日は10月20日です。約1か月前のあなたのアリバイとそれを証明してくれる人を紙に書きなさい。

S：「へっ！　そんな前のことわからない」
　「クラブしてたかな」
　「家に帰ってたけど親しかいないや」
　「塾に行ってたかも」などの声。

今から回収しますが，クラス36名中，何名の人のアリバイが成立するか挙手しなさい。

　約半数の20名前後。
　順次，読み上げながら分類していく。アリバイが成立するのは，約半数で，クラブ活動や塾に行っていた生徒，また買い物に行っていて，証明してくれる人は「店員さん」という答えもある。
　このワークショップを通じて，アリバイ証明がいかに難しいかを体感させる。

## 2　クイズで考える逮捕の要件に関する人権規定

**Q まちがい探しクイズ**　次の逮捕や裁判に関する事例は，すべて憲法の規定からして間違っています。どこが間違っていますか。
① 「おまえが犯人だ！　今から取り調べをする。警察に来なさい」と警察から出頭命令があった。
② 「今，犯人だと自白したら5年で出してやる。どうだ！」と警察の取り調べで言われた。
③ 窃盗容疑で警察での取り調べがおこなわれた。「お前は名前も言わないのか！　言わなければ，何日でも取り調べをするぞ」と言われた。
④ 「A町でBさんが殺害され，犯人はAさんとされ，取り調べがおこなわれています」とテレビや新聞で報道された。

　グループに分かれて議論する。議論の様子を紹介する。
S：「①は，警察には行かないと心情が悪くなるのでは」「逮捕状がないといけないのでは」「重要参考人って言われたら行かなくちゃならないのかな」

> 「②は，5年と決めるのは警察じゃないのでは」「自白は証拠にはならない」「やはり物的証拠がないといけない」
> 「③は，黙秘権があるから別にいいのでは」「名前くらいは言わなくてはならないのでは」「それより，どんな事件でも，ずっと取り調べされたらイヤだね」
> 「④は，犯人なんて報道したら人権侵害だ」「犯人じゃなく，容疑者では」

　順に，グループでだされた意見を発表させる。
① 憲法33条「何人も，現行犯として逮捕される場合を除いては，……令状によらなければ逮捕されない」を確認する。
② 憲法38条「自己に不利益な供述，自白の証拠能力」の条文から問題があることと，刑罰を決めるのは警察ではなく裁判官であることを確認する。
③ 事件内容により，抑留期間が決められていることを確認する。
④ 取り調べ段階では被疑者であり，検察官が起訴した段階で，被告人になる。しかし，有罪の判決を受けるまでは無実とみなされる。これを推定無罪の原則という。

　憲法学習がはじまる中学校3年生の5月ごろになると，新聞地方版の「刑事事件」を探す日々がはじまる。休日に図書館に行き，1か月分の新聞記事をペラペラめくる。「地域」「放課後の時間」「休日」「約数か月前」「事件の内容」などを考慮しながら「近くでおこった刑事事件」を検索する。膨大な作業だが，これが教材研究である。

第 4 章

# 「経済学習」ウソ・ホント？授業

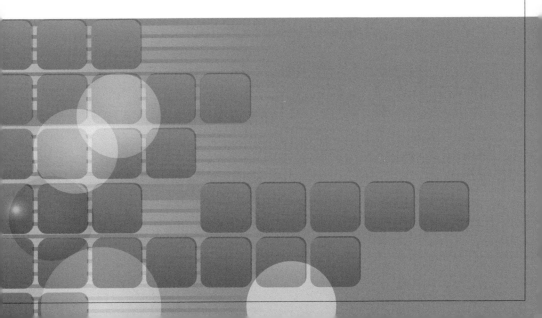

# 1 子どもの感想から考える経済の授業

経済学習を終えた時点で、「経済学習を終えて」の一言感想を書かせた。以下がその一例である。

「新聞、ニュースで謎だった用語の意味がわかるのはかなり気分がよく、勉強が楽しくなった。身のまわりの何げないことにも意味があることに驚いた」

「コンビニに行って、薬とか切手を販売していたら、これが規制緩和という経済と関係していることがよくわかった」

「スカイツリーの展望台が、なぜ2060円（天望デッキまでの入場料金、当日券、大人1人の価段）と高価なのか、アサヒビールが甲子園球場で販売されている理由など、今まで考えもしなかったことが、なるほど、そういうことかとわかって興味がわいた」

「テレビの討論会で消費税やTPPがでてきた時、"おー！　それはおかしいやろ"、"うーん！　なかなかいい"と、テレビの前で反論できるようになった」

「以前まではテレビで"円高で……"と言っていた時に、"それがどうしてん"と思っていたが、日本経済にすごく影響することが、円高円安ゲームでわかったのが満足」

「マイクロディベートで消費税問題を考えた。立場によって、いろんな意見があることがわかり、勉強になった」

「ロールプレーで授業したTPPは、いろんな立場により意見が異なることがよくわかった」

「今までは消費税を上げられたらうっとうしいと思っていたけど、話し合いのなかで、年金や日本の財政などを考えた時、世の中ってそう単純じゃなく複雑ってことがわかった」

「消費税とTPPの討論をした時、私は単純に消費税が上がるのはうっと

うしいとだけ思っていたけど、みんなの意見を聞くうちに、わからなくなり、世の中って複雑だなと思った」

上記感想に、アクティブ・ラーニングに通じる内容がある。

第一に、協働的な学びの有効性である。「話し合いのなかで、年金や日本の財政などを考えた時、世の中ってそう単純じゃなく複雑ってことがわかった」「みんなの意見を聞くうちに、わからなくなり、世の中って複雑だなと思った」に代表される意見である。「うっとうしい」という単純な社会に対するとらえ方が、「世の中って複雑」で、「問題解決は難解である」という変化は、共に学ぶ関係性のなかで生まれてきた。

第二に、ディベート、マトリックス、ロールプレー、ゲームなど、さまざまなアクティブ・ラーニングの手法により、知識を獲得し、異見に出会うことの必要性である。「"おー！　それはおかしいやろ""うーん！　なかなかいい"と、テレビの前で反論できるようになった」という感想である。学校知が生活知に生かされ、思考力・判断力が培われている。

## 2 "みえるもの"から"みえないもの"へ

経済学習は、"知的興奮"と"科学する"ことの面白さを体感できる。もちろん、地理的分野、歴史的分野においても学ぶ喜びや意義はあるが、経済学習が顕著である。それは、生活に根ざした、世の中の"なぜ"に対して考え、そのしくみに迫ることができるからである。"学ぶ"とは、"へっ！　そうだったんだ"と知的興奮とともに、知識を獲得し、世の中のしくみがわかることである。また"みえるもの"の背後にある"みえないもの"を探究することが"科学する"ことである。

「キャラメルのみぞはなぜあるの？」「甲子園球場ではアサヒビールが販売されているわけ」「東京から104に電話すると沖縄に通じるのはなぜか」「関

西空港が２市１町に分かれているのはなぜか」「男性モーニングよりどうしてウエデングドレスは高いのか」「マクドナルドのパンはなぜフジパンなのか」という疑問を解き明かすことで，日常の世界から科学の世界に誘う学習が可能である。

「男性モーニングよりどうしてウエディングドレスは高いのか」男性モーニングは種類も少なく，着る回数も多い。つまり，何回も使用されるので１回あたりのレンタル料は安くなる。一方，ウエディングドレスは，多くの種類があり，使用される回数も少なく，レンタル料は高くなるのである。「希少性」もこうして学習すると，その概念がよくわかる。「機会費用」はどうだろう？　タクシーを呼び，迎車料金をとられ，「なんでなんだ！」と思ったことはないだろうか？　それは，迎車中の時間に他の客を乗車させていたら，収入があるから，その時間の対価を支払ったと思えば納得できる。「東京の地下鉄はなぜ安いか」という謎解きから，インフレのすすむ前の建設コストが安い時期に建設されたことや，東京の地下鉄が財政投融資により建設されていることなど，社会のしくみに迫ることができる。つまり，「ふ～ん！」「そうだったんだ！」と日常のさまざまな疑問を科学のフィルターで考える学習が問われている。

「なぜデパートの食品売り場は地下にあるのか」という課題を設定する。こういう課題は，生徒が「知りたい」「追求したい」「一言いいたい」テーマであり，「うそっ！　そうだったのか」と知的興奮を喚起するものである。「地下鉄と直結しているから入りやすい」「ちょっと買うケースが多いから便利」「食べものの匂いが伝染しにくい」など。他に「売り上げを増やすのに地下は便利である。なぜなら売り場面積を拡大できるからである」「地下には広い厨房をつくることができる」そして地下から他の売り場にも行くという「噴水効果」である。同様に「なぜバーゲンは高層階なのか」「レストランは最上階なのか」「紳士物は３階で書籍は９階あたりなのか」ということを敷衍させて考えると楽しい。

## 3　"科学する""見方・考え方"を培い"課題"を克服

　第一に，学習意欲がないと揶揄される昨今の中学生に，"科学する"ことの楽しさ，つまり学ぶことの"喜び"を体感させることである。「なぜ民放は視聴料を取らないのか」「100円均一ショップはなぜ安いのか」など，社会のしくみを"経済のフィルター"で垣間見ることである。中学校社会科学習のなかで，他の分野と比較し，経済的分野は"生活の謎解き"から"科学する"ことの面白さを体感できる。

　第二に，必要最小限でいいが，経済的見方・考え方を身に付けさせることである。概念理解だけではなく，"概念"を使いながら，社会のさまざまな事象を分析させることが大切である。

　第三に，生起しているさまざまな経済問題を，多面的・多角的に分析・検証しつつ，価値判断していくことである。その過程で，「思考力」「判断力」「言語力」を培うことができる。経済学習を終えての感想で「政治はいろいろ考えている」「世の中は単純じゃなく複雑」という感想は注目に値する。

　多くの異見に出会い，検証しつつ，意見形成をおこなうことで，多面的多角的な認識が育つ。意思決定を，教師の押し付けではなく，生徒同士の"対話"を通じて獲得していくことが問われている。これが，アクティブ・ラーニングの"真骨頂"であろう。

## 4　経済学習でめざすべき学力と授業

　2010年8月5日にチリでおこった落盤事故の脱出劇から，経済の見方・考え方を学ぶ。

〈チリ落盤事故〉

> 33名が落盤事故に遭い，地下700mの坑内に閉じ込められてしまいました。食糧は坑内の避難所に保存されていた，ツナ缶，牛乳，そしてビスケットで，普通に33人が食べると3日でなくなってしまう量です。水は地下水で何とか確保できる状態です。

まず，全員が生還するためには，ルールづくりが必要である。「ツナ，牛乳，ビスケットから1つだけ選び，1日1回は食べることができる」「病人がでた場合は，その人を優先的に食糧を与える」「体力を消耗しないよう，役割は少人数でおこない半数以上は休憩しておく」などである。

そして，この脱出劇から学ぶべきことを交流する。「利己中になったら，みんな死んでしまう」「誰かが自分だけ食糧を略奪したらみんな死んでいた」。

この意見から**「限りあるもの，資源や食糧をどう配分するか」**の大切さを確認する。「社会にはルールがないと混乱がおこるということ」「全体を統率するリーダーも大切」「この坑内でルールがなく，みんなが好き勝手にやっていたら，全員生還など到底無理だった。以上から，「リーダーも必要。また，社会では法や取り仕切る役人の必要性」についても確認する。「弱い人の立場を考えることが大切」「体力を消耗しないように寝ておくことも大切」という意見も続く。

「限りあるものやお金を無駄遣いしないようにすることと考えればわかりやすいかな」とヒント。

「病院に行かなくていいように健康のために運動する」「高齢者も働けるようにする」。

モノを買えば企業がもうかり，社会の活性化につながる。健康を保つことで国の医療費の削減に役立つ。つまり，自分たちの行動を大きい観点から考える視点が大切である。この救出では，精神的に弱っている人から順に地上に運びだされ，最後はリーダーだった。これと同様に，現代社会では，誰かの利益のために誰かが損失をこうむらなければならない。**このような利害対立の解決のためには，誰の利益が優先されるべきか**という視点も大切である。
　以上が「チリ落盤事故と経済」の授業である。

　経済の根本というのは，ある空間のなかの資源をどのように分け合うかということだ。空気や水や土地や動植物という限られた資源をどのように配分すべきかを考えるのも経済学である。強い人間が弱い人間を殺して資源を独占するか？　それとも，みんなが資源を分け合って平和に暮らしていくか？　こんな究極の選択肢が経済である。
　経済学習でめざすべき学力は，"温かいこころ" と "冷静な頭脳" であろう。政治や経済政策の是非を判断する時，貧しい人，恵まれない人の立場を「温かい目」で見つめ，その人が置かれた状況や社会を改善しようとしなければならない。しかし，「温かいこころ」だけでは，貧しい人，恵まれない人を助けることはできない。貧しい人，恵まれない人を助け，自分自身も含め，どうしたら社会生活が改善されるかを「知る」ためには，「冷静な頭脳」が不可欠である。この「冷静な頭脳」の基礎づくりが，中学生が経済を学ぶ意味であるといっても過言ではない。

【参考文献】
・蓼沼宏一『幸せのための経済学』（岩波ジュニア新書），岩波書店，2011
・ティモシー・テイラー『スタンフォード大学で一番人気の経済学入門　ミクロ編』かんき出版，2013

## 16 普通列車のグリーン券料金はどうして決まるか？（市場）

見方・考え方

「市場」という概念は教えにくい。実際に存在する店や市場（いちば）を想像してもいいが，経済学でいう市場はもっと抽象的であり，「労働市場」も存在する。経済学でいう市場とは，単にものが売買される場ではなく，社会にとって欠かすことのできない意思伝達手段である。

### 1 コンビニで買い物をしよう

**書く** 今からコンビニで1000円で買い物をすると仮定します。あなたは，何を購入するか書きなさい。

おにぎり（100円）　パン（100円）　キャラメル（100円）
ガム（100円）　ケーキ（100円）　ラーメン（100円）弁当（100円）
のり（100円）　封筒（100円）　お茶（100円）コーラ（100円）
各グループごとに集計し，黒板に合計を書きだす。
おにぎり80個　パン100個　キャラメル20個　ガム62個　ケーキ20個
ラーメン10個　弁当3個　のり5個　封筒1個　お茶30個　コーラ30個

### 2 コンビニから市場の意味を考える

**発表** （数名を指名し）どうして，その商品を購入したのか？

A：「ラーメンとか弁当より，おにぎりとパンのほうが手軽に食べれるし，今日は，この後の家庭科の授業でのりが必要だから」
T：「つまり，Aくんは，今はそれらが好きもしくは必要で，購入しま

した。それは，"必要だ"というメッセージが市場を通じて，社会
　　　に発信され，共有されたということだね。つまり買う行動には，
　　　"それが欲しい"ってメッセージが託されている」
　　　「コンビニでは1日で4000万人が買い物をしている。そのたびに
　　　毎日4000万人が，メッセージを発しているということだ」
S：「よく売れるのが残り，売れないのが消えていくってことかな」
T：「買うという行動を通じて，メッセージが発せられていく。それが
　　　市場だよ」

### 3　「労働市場」「結婚市場」もある

★**考えよう**　「証券市場」「労働市場」という言葉もある。「結婚市場」
「進学市場」という言葉もあります。言葉の意味を説明しよう。

S：「結婚市場は，年齢が30歳を超えると安くなるとか」（笑）
　　　「25歳以下の結婚相手を希望する人が多いなど」
T：「まあ，そういうことかな。年齢や年収などが一つのシグナルにな
　　　るかな。先生は性格や生き方も入れてほしいけど」
S：「労働市場は，よく1を超えたとかニュースでやってる」
T：「1を超えるってことは，働きたい人より求人のほうが多いってこ
　　　とだね。つまり労働市場が，労働者に優位だってことだね」
S：「進学市場は，高校進学の倍率ってことかな」
　　　「1を超えると誰かが不合格になる」
T：「倍率が高いってことは，進学市場で優位に立ってるってことだね」
　　　「証券市場は？」
S：「買う人が多いと株価が上がる」
T：「株を買おうとする人と売ろうとする人との関係で，株価が変動す
　　　るってことだね」

## 4 東海道本線普通列車のグリーン券料金

> **発問** 関東の東海道線（東京〜藤沢間）の普通列車の平日グリーン券料金は980円です。この価格は誰が決めたのか？

S：「JRの会社」
T：「まあ正解かな」
S：「まあってのは？」
T：「980円って高くない？ 980円で乗る人いるのかな」
S：「朝から体調が悪い人とか疲れている人は乗るのでは」
T：「980円という価格設定はどうして決めたのかな」
S：「それくらいでも乗ってくれると考えたと思う」
T：「100円だったらもっと乗ってくれるのでは」
S：「100円だと満員になってしまってグリーン車の意味がなくなる」
T：「ってことは980円だと，乗車人数も適当になり，乗車客も980円払ってよかったと思ってもらえるってことだね」
S：「980円払った価値があるってことだ」
T：「ってことは980円に決めたのは何？ 誰じゃなくて何だよ」
S：「適当な乗客数になる何か……」
T：「何か???? っていいね。このことをアダム・スミスは"見えざる手"と言いました。価格や料金は，市場により決定されます」

　具体的な事例から「市場」という抽象的概念を学習することが大切だ。ただ，このような抽象概念をテストで出題するのは難しい。「近鉄電車の奈良線は昼間時間帯には有料特急は走っていない。この理由を"市場"という言葉を使い説明しなさい」という問題を出題した。

**【参考文献】** 一橋大学経済学部編『教養としての経済学』有斐閣，2013

習得

## 17 富士山の入山料の決まり方（価格）

価格を単なる「ものの値段」と考えている生徒が圧倒的だ。しかし，経済学では，価格は「シグナル」であることを教えたい。価格のしくみと経済的見方・考え方を培う授業である。

### 1 富士山！ 入山料がいくらだったら登るか？

**発問** 富士山が世界文化遺産になり，登山者が急増しています。環境保護のために入山料が必要ですが，いくらだったら登山しますか？

以下のような人数になった。

1万円（1人） 5000円（1） 3000円（0） 2000円（0）
1000円（5） 500円（10） 100円（10） 登らない（10）

> T：「ここのクラスでは，1000円にすれば7人しか登山しないのでゆったりと登山を楽しめそうですね」
> 「今，入山料は1000円になっていますが，この価格はどうして決めたのですか」
> S：「あまり高くすると，登山者が少なく寂しい」
> 「多くすると混雑し山小屋が収容できない」
> 「ごみ処理もたいへん」
> T：「つまり，この価格がシグナルになって，登山数がある程度決まってくるってことだね」

次の資料を示す。

### 〈「富士山の入山料」の記事から〉（2013年6月5日『朝日新聞』）

「富士登山抑制へ　1000円安すぎ」
＜資料＞環境省試算　昨夏の8合目付近登山者数31万8565人
入山料：500円（登山者2％減）　1000円（4％減）　3000円（10％減）
6000円（20％減）　10000円（31％減）　20000円（50％減）
入山料による収入：1000円（年間約3億円）　6000円（15億円）
　　　　　　　　　10000円（15億円）　20000円（30億円）

## 2　機会費用って～東京スカイツリーはなぜ高いのか～

　"機会費用"という用語をとりわけ教える必要はないが、経済の見方・考え方としては重要である。

T：「東京スカイツリーの天望デッキ入場券はいくらか知ってますか」
S：「1000円」「2000円」「3000円」などという答え。
T：「答えは2060円です（当日券，大人1人）」
S：「へっ！　高い」「絶対行かない！」
　　「1回行ったらもういいや」の声。

　どうして，東京スカイツリーの天望デッキの入場券は2060円なのか？

S：「2060円の値打ちのある景色が楽しめるということでは」
　　「無料のビルから景色を見ればいい」「東京タワーでいいじゃない」
T：「以前，同じ東京で都庁ができたときの展望台は無料だったよ」
S：「それはいいや」
T：「でも，逆に無料が不評だった。どうなったのだろう」
S：「無料なので，見学者が多くなり，行列ができたのでは」
　　「それもうっとうしいな」

T:「つまり，長時間並んだ時間を浪費して，ある意味，損をしたってことだよね。これを経済学では"機会費用"といいます。他に高級ホテルに泊まり，ゆったりするというのも，経済的対価を支払い，気持ちの安定を得るという意味で"機会費用"だよ」

　「希少性」「機会費用」などの経済学の重要概念は，具体的な事例から教えることが大切である。"概念"学習後は，逆に，生徒に具体例を考えさせる。「機会費用」については「USJに行った時に，お金を払い，長蛇の列に並ばなくていいパスポートを購入した」「自販機のお茶は150円なのに，スーパーは94円である」などの例である。

# 18 物価が安くなって，なぜいけないの？
## （インフレーションとデフレーション）

**習得**

インフレーションとデフレーションの学習である。教科書の語句の説明では理解が難しく，面白くない。驚きがあり知的興奮がある題材が欲しい。インフレーションもデフレーションも，緩やかであればいいが，極端になると，社会にさまざまな停滞や問題をおこすことになる。2016年現在も，デフレーションが長く続いている。この問題解決の方法についても考えてみたい。

## 1　コーヒーが2杯飲みたい時

　第一次世界大戦後は，ドイツではハイパーインフレという，すさまじいインフレ状態になった。その時のエピソードを導入にする。

---

・コーヒーを2杯飲みたい時には，1杯を飲み終わってからではなく，同時に注文するようにした。→飲んでいる間に価格が上昇した。

・主婦たちは，給料日になると，会社の門の前で給与を受けとるとすぐに買い物に走っていった。→刻々と価格が上昇するので駆け足で買い物に行った。

---

　この事実から，インフレーションとは，商品価値が上がり，通貨価値が下がる現象であり，物価が上昇することだと確認する。
　そして，次の応用問題。

---

　兄はまじめな性格で，一生懸命働いてせっせと貯金をした。弟は投げやりで借金してはビール何百本も買い込み，ビールばかり飲んでいた。5年後，兄は貧乏に，弟は大金持ちになった。それはなぜか？

---

　「兄はなぜ貧乏になったのか」比較的簡単な設問から学習する。

S:「会社がつぶれた」
T:「会社は健在です」
S:「インフレになりお金の価値が下がった」
T:「つまり，100万円が貯まったと思っていたのに10万円程度の価値しかなくなってしまったってことだね」
「弟が，借金してはビールばかり飲んでいて，大金持ちになったのはなぜかな？」
S:「借金を踏み倒した」（笑）
T:「間違いでもないよ」
S:「借金がなくなった」
T:「借りて買ったビールの価格は？」
S:「上がる」
T:「ビールの価格が上昇し，それを数本売るだけで，充分，借金が返済できたってことだよ。インフレーションになると，このような現象がおこります」

　最近も，極端なインフレーションになり，高額紙幣（100兆ドル）が発行されたジンバブエのことを紹介する。

## 2 デフレーションって何？

　インフレーションの反対がデフレーションであり，物価が下がり続けることである。

> **グループ 討議** 物価（価格とは異なることは確認する）が下がるっていいよね。でも，デメリットもある。どんなことがあるか考えよう。

### \でてきた意見/
・会社がもうからない　・下げる競争になり，品質が悪くなる
・販売する商店がもうからない　・マンションなどが高く売れない
　以下は一問一答で行う。

物価が下がる→それぞれの価格が下がる→会社がもうからない→賃金が下がる→あまり買おうとしない→ますます物価が下がる→倒産する会社がでてくる→失業者が増える→ますます需要が減る

＊戦後の「物価」と「賃金」の変化のグラフを示し，「物価」が上がると「賃金」が上昇し，「物価」が下がると「賃金」が下降することを資料で示す（永濱利廣『図解　90分でわかる！　日本で一番やさしい「アベノミクス」超入門』東洋経済新報社，p.111にそのグラフが掲載されている）。

## 3 デフレ解決の方法

> **グループ 討議** デフレの解決方法として，いろんなことが提案されています。A～Hを選択し，次の政策の是非を2人で相談しよう。

A　日本銀行が一般銀行にある国債を購入し，通貨量を増やす
B　公共事業を活発にし企業の仕事を増やす
C　介護や医療などで働く人を増やす
D　法人税減税をおこない企業活動を活発にする
E　最低賃金を引き下げ，男女同一賃金にする
F　非正規労働者を減らし，正規労働者を増やす
G　医療・介護・年金・子育てなど公的保障の拡充
H　消費税を5％にもどす

## 回答例

B（賛成）：道路整備や介護施設などの公共事業によって、建設会社の仕事が増え、もうけることができる。そのため、多くの働く人が必要になり、残業が増えたり、働く人の賃金がアップし、商品を買おうとする人が増え、商品が売れるようになる。

B（反対）：公共事業をするためには、国や地方公共団体のお金が必要。今の日本の財政状況は厳しく、そんな余裕はない。そのために税金を増やしたりすると、みんなのお金も少なくなり、買う人が減り逆効果である。

F（賛成）：正規労働者が増えると、生活が豊かな人が増え、購買力がアップし、商品がよく売れる。その結果、会社ももうかり、ますます賃金もアップする。

F（反対）：デフレで今はどこの会社もたいへんで、非正規労働者の安い賃金で何とか会社もつぶれない。正規労働者を雇うことはいいことだが、それによって会社がつぶれてしまったら、ますます、たいへんなことになる。

　本授業の醍醐味は"意外性"である。「一生懸命貯金したのになぜ貧乏になるの？」「物価が安いってなぜダメなの？」という"素朴理論"（？）を検証しながら、科学的に考える能力を培う学習である。

【参考文献】
・永濱利廣『図解　90分でわかる！　日本で一番やさしい「アベノミクス」超入門』東洋経済新報社，2013
・石川康宏『「おこぼれ経済」という神話』新日本出版社，2014

# 19 マンガで学ぶ株式会社（株式会社）

**習得**

株式会社のしくみをマンガとゲームで学ぶ。「吉本興業」「マクドナルド」「甲子園球場」「トヨタ」など，生徒が興味あるネタで学習する。また株式売買ゲームで実際の株式を購入し，ベストランキングなどゲーム感覚で株式会社のしくみを学ぶ。

## 1 マンガで学ぶ株式会社

　株券を持参し，授業に臨む。できれば子どもたちに馴染みのある食品メーカーやスポーツ用品メーカー，コンビニなどが望ましいが，筆者はある私鉄の株式を持っているので，それを持参する。

> **★考えよう** この株式は○○鉄道の株式だが，先生はどこで買ったのだろうか？

> S：「その会社」「証券取引所」
> T：「会社に行って株式くださいと言っても売ってくれませんよ」
> S：「どこで買うの？」
> T：「株式を代行して販売している証券会社だが，ネットでも販売しています。なぜ株式を買うのでしょう？」
> S：「何かいいものをくれる」
> T：「投資額で異なりますが，全線無料券などのサービスもあります。でも株式はもっと意味があります。今日はそのことを学習しましょう」

> **読む** 次のマンガを読み，教科書を参考に（　　）に当てはまる言葉を考えよう。

**A 答え** ①株式 ②株主 ③配当 ④下がった

## 2 あれっ！ と驚く株式

**Q クイズ1** 甲子園球場で，カチワリとともに販売されていたビールの銘柄は？　ア　アサヒ　　イ　サントリー　　ウ　キリン

**Q クイズ2** マクドナルドのパンはどこのメーカーか？
　　　ア　ヤマザキ　　イ　フジパン　　ウ　シキシマパン

**Q クイズ3** 1949年から2009年までの間，トヨタの株価の最高値は8350円（2007年）だった。2010年は高値4235円，安値2800円。それでは，最も安値の1950年はいくらだったか？

**Q クイズ4** 「吉本興業」は，1989年12月1日のバブル期に最高値を記録した。このときの株価はいくらか？　【0268】という数字を並び替えよう。

### A 答えと解説

**Q クイズ1**

阪神電車とアサヒビールは「旧住友」系列で，正解は「ア」である。現在は，キリンの営業マンのがんばりによりキリンビールも販売されている。京セラドーム大阪にプロ野球観戦に行ったが，その時販売されていたビールは「サントリー」だった。「オリックス」と「サントリー」は同系列である。

**Q クイズ2**

マクドナルドとフジパンは，持ち株関係にある。玩具販売会社の「トイザラス」も同様で，以前トイザラスに行くと，マクドナルドの割引券をいただいた。ちなみに，マクドナルドの株主になると，株数に応じて「無料引換券」が1冊から5冊もらえる。

**Q クイズ3**

最安値は21円である。トヨタは，バブル期より現在のほうが高値で，その成長ぶりが株価からわかる。

**Q クイズ4**

「吉本興業」の最高値は，2860円である。2016年現在1300円前後である。

ちなみに,「吉本興業」の株主は「フジ・メディア・ホールディングス」(約12%)「日本テレビ」(8%)「テレビ朝日」(約8%)「TBSテレビ」(約8%) などであり,「よしもと」の漫才や劇が,このようなメディアで放映される。株主総会では,もちろん,このようなマスコミ関係の影響力は大きい。

## 3 株式売買ゲーム

**《手順》**

① 授業日の新聞の株式欄を持参し,10万円を限度に株式を架空に購入する。なぜその株式を購入したか,その理由も書く(計算が複雑になるので1～3銘柄が望ましい)。

＜例＞A社　4500円×10株＝45000円
　　　B社　12000円×2株＝24000円
　　　C社　600円×60株＝36000円　　　計99000円

理由は,これから夏になるので,冷たい食料品や冷房関係品がよく売れると考えました

② 1か月後に,株価の変動による損得計算をする。週1回程度,株式欄を廊下に貼り出し喚起を促すことも大切である。

＜例＞A社　4600円×10株＝46000円
　　　B社　14000円×2株＝28000円
　　　C社　550円×60株＝33000円　　　計107000円(プラス　8000円)

③ 学年損得「ベスト10」と「ワースト10」を掲示し発表する。

日常生活から株のしくみに迫ることが大切である。リアルタイムの株式売買ゲームを紹介したが,「1973年のオイルショック期」「バブル期」の株式を購入し,その時期の株価と,現在の株価の様相を学習することも可能である。

## 授業方法 20 わくわく円高・円安ゲーム ～改訂版～（ゲーム）

前著で，（株）野村証券が開発した「円高・円安」ゲームを紹介した。このゲーム教材は，サイコロの目の出方により勝ち負けが決まる偶然性が中心であった。「なぜ為替が変動するのか」「どういう時に円高，円安になるのか」等の学習的要素が不十分だった。ここでは，「アクシデント」項目を入れ，改訂版「円高・円安ゲーム」を作成した。

### 1 ゲームのルール

簡単に為替相場と，円高と円安の説明をする。

　みんな＝日本　　先生＝アメリカ

為替レートは１ドル＝100円でスタート。代表者が奇数回で５回サイコロをふる。また，別の代表者が偶数回で５回「アクシデントカード」をひく。１回ひいたカードは没。ふる前に申告し，５回の売り買いの機会が与えられる。サイコロの目とアクシデントカードで為替レートがどんどん変わっていく。

**＜サイコロのルール＞**

２個のサイコロの目の合計で判断する。

２～６＝５円円高　　　８～12＝５円円安

７＝ラッキーチャンス　売り買いどちらにも有利なように10円動く

ぞろ目＝２個のサイコロが同じ数字の時，２倍の10円動く

→２～６＝10円円高　　８～12＝10円円安

**＜アクシデントカード＞**

※カードをひいた人は，（　）の数字より５円のプラスマイナス

1　アメリカでテロが発生し，大手企業が爆破される（20円円高）

2　日本政府の政策により金利（利子）が１％上昇する（10円円高）

3　日本と中国の間で領土問題がおこり不穏な動きがおこる（20円円安）
4　ロサンゼルスで事故がおこり一時営業がストップする（10円円高）
5　アメリカで格安電気自動車が開発され，需要が伸びる（20円円安）
6　アメリカがロシアと一発触発の様相になる（取引中止）
7　アメリカで企業農家によって新種の食品が発明され，かなり売れ行きを伸ばす（30円円安）
8　日本の理研が，新しい再生細胞開発についに成功（20円円高）
9　アメリカ大リーグで田中将大選手が大活躍（0円）

## 2　A君のゲーム：1回戦　【上手にお菓子を買おう】

　日本のみんながアメリカのお菓子を買う。お菓子の値段はすべて1ドルで，5個買える。だが，為替レートがサイコロの目とアクシデントで変わるので，日本円はいつも同じ値段ではない。買うタイミングを考えて，お菓子を安い値段でゲットする。

①A君は購入しない，B君がサイコロ（3と2で5）
　5円円高でアメリカのお菓子は95円で購入。
②A君は購入，Cさんがアクシデントカード（4）
　10円円高で85円になり，A君は85円で購入。
③から⑥（略）　　1ドル＝80円になっている。
⑦A君は購入，D君がサイコロ（4と4で8）
　10円円安で1ドル＝90円で購入。
⑧A君は購入，Fさんがアクシデントカード（3）
　20円円安で1ドル＝110円で購入。
⑨A君は購入，G君がサイコロ（1と1で2）
　10円円高で1ドル＝100円で購入。
⑩（略）
＊取引中止の⑥がでた場合は，ひいた人のみゲームセット。

＜1回戦 【上手にお菓子を買おう】A君の合計＞
500円のお菓子を95円＋85円＋90円＋110円＋100円
$\qquad$ ＝480円で5個購入

## 3　2回戦　【上手にゲーム機を売ろう】

　日本のみんなが，ゲーム機メーカーになってアメリカにゲーム機を売る。5個売れる。ゲーム機の値段は1ドル＝100円の場合は1万円。為替レートが変わるのは，買う時と同様。

＜ゲーム進行表＞

**ゲーム進行表**

1回戦　【上手にお菓子を買おう！】輸入

| お菓子 | 為替レート | 値段 | 日本円の値段 |
|---|---|---|---|
| 1個目 | 円 | 1ドル | 円 |
| 2個目 | 円 | 1ドル | 円 |
| 3個目 | 円 | 1ドル | 円 |
| | | 合計額 | 円 |

メモ

2回戦　【上手にゲーム機を売ろう！】輸出

| ゲーム機 | 為替レート | 値段 | 日本円の値段 |
|---|---|---|---|
| 1個目 | 円 | 100ドル | 円 |
| 2個目 | 円 | 100ドル | 円 |
| 3個目 | 円 | 100ドル | 円 |
| | | 合計額 | 円 |

メモ

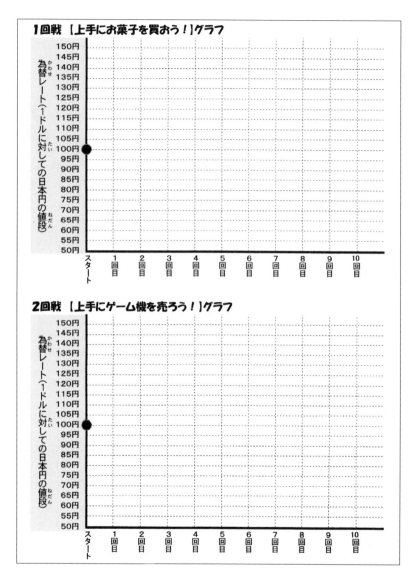

　本ゲームは①シンプルなやり方ですぐできる，②時間は20〜30分程度で飽きさせない，③単なる遊びではなく，ゲームを通じてその意味やしくみがわかる，④ワクワク感があり勝敗を競うという4つの条件を満たしている。

## 21 授業方法 いす取りゲーム・キャッチコピーで戦後経済史（ゲーム）

"いす取りゲーム"を通じて，高度経済成長，低成長，バブル，そして現在の貧困を体感する。また，当時のキャッチコピーや言葉を通じて，その時代の経済状況を理解する。

### 1　1回戦〜高度成長時代〜

（椅子2つに◎の紙が貼ってある。全員が座れる椅子がある。）
音楽が流れる。◎の位置に座った生徒（10点）それ以外（5点）
＊5回程度繰り返す。

> **Q クイズ**　高度経済成長期のキャッチコピーの（　　）に当てはまる言葉を考えよう。
> ・1960年　所得倍増　「お口の中は（　　　　）です」（ロッテ）
> ・1962年　「スカッとさわやか（　　　　　）」
> ・1967年　「大きいことはいいことだ」（森永）

順に，「恋人」「コカコーラ」で，所得が大幅に増え，以上のような嗜好品が売れるようになったことを確認する。

> **★ 考えよう**　次の「3」に関わる言葉の意味を考えよう。
> ・3種の神器（　　　　　）（　　　　　）（　　　　　）
> ・3ちゃん農業（　　　　）（　　　　　）（　　　　　）
> ・3分間待つのだぞ！（　　　　）（　　　　）（　　　　）

S：「3種の神器はテレビ，洗濯機，冷蔵庫」
　　「3ちゃん農業の1つはおじいちゃん，そしておばあちゃん，あと

第4章　「経済学習」ウソ・ホント？授業　103

　　　　「１つはわからない」「３分間待つのはレンジ」
T：「まだレンジはつくられていません」
S：「インスタントラーメンが発売された」
T：「日清のチキンラーメンですね。安藤百福さんが発明したものです」
　　「３ちゃん農業のあと１つは何ですか？」
S：「あまりにも忙しいから，あかちゃんの手も借りたい」
　　「お母ちゃん」
T：「お父ちゃんはどうしているの？」
S：「会社に行っている」

◆３種の神器……国民の所得が増えることにより消費意欲が高まり，「消費革命」といわれる。主役は白黒テレビ，洗濯機，冷蔵庫で，これが家事労働の負担を減らし，生活の変化を生んだ。

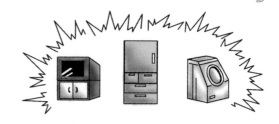

◆３ちゃん農業……工業の発展によって日本の農業は衰退した。農家の子どもたちは，都会にでて働くようになり，父親も現金収入を求めての出稼ぎに行くようになる。また，農家の大半は兼業農家になり専業農家が減ってきた。
◆３分間待つのだぞ！……受験勉強や長時間労働の夜食として，高度成長を支えた人々の「戦陣食」になった。

## 2　２回戦〜石油危機の低成長時代〜

（椅子を２つ撤去する。）音楽が流れる。
　椅子に座れなかった生徒（－５点），それ以外（２点）。
＊３回程度繰り返す。

**Q クイズ** 低成長期のキャッチコピーの（　　）に当てはまる言葉を考えよう。
- 1973年　じっとがまんの
- 1974年　金脈・狂乱物価
- 1976年　女性よ（　　）を消しなさい（角川書店）
- 1979年　（　　　　）小屋　省エネ　エガワ
- 1983年　おしん

**A 答え** 順に「テレビ」「ウサギ」。
　低成長時代に，小さい家に住んでいる日本を象徴する「ウサギ小屋」。「じっとがまんの」「おしん」は，早く低成長期を抜け出したいという思いが表れている。

## 3  3回戦～バブル時代～

（椅子をもとに戻す。椅子10個に◎の紙。）
　音楽が流れ，◎の位置に座った生徒（20点），それ以外（10点）。
＊2回程度繰り返す。

**Q クイズ** バブル期のキャッチコピーの（　　）に当てはまる言葉を考えよう。
- 1986年
亭主（　　　　）（キンチョウゴン）
- 1989年
24時間（　　　　）（リゲイン）

**A 答え** 順に「元気で留守がいい」「戦えますか」。バブル期の，男性の働き方を象徴する言葉である。

## 4  4回戦〜格差貧困時代〜

(椅子を5つ撤去する。椅子に貼った◎の紙も取り外す。)

音楽が流れる。椅子に座れなかった生徒はゲーム終了。座った生徒は，それぞれ（1点）。椅子を2つずつ撤去し，5回繰り返す。座れなかった生徒はゲーム終了。座った生徒は，それぞれ（1点）。

座れなかった生徒が，いわゆる失業者であり，絶対的な働く場所がないことから貧困や格差がおこることを確認する。

見方・考え方

## 22 プールは欲望か必要か？
（公共財）

　「財政」とは，"パブリック・ファイナンス"の翻訳語であり，「おおやけのお金まわり」を意味している。つまり，有限な「公のお金」を「効率」と「公正」の観点から，どう有効に配分するかということである。平たくいえば「共同の財布」であると言ってもいい。「財政」を，「プール」「道路」「学校の建物」「先生の給料」など身近な事例から学習する。

### 1　税金がなければ

　税務署からレンタルできる『税がなかったら』のビデオ鑑賞後，アメリカ合衆国のある州の「警察の消えた町」を紹介する。また，企業が「公園」や「道路」をつくり，使用料を課すことを「公正」と「効率」の観点から分析する。

### 2　1日の生活と税金

　1日の生活を想定した漫画を提示し，そこにどんな税金を支払っているか考える。

① 1日のはじまりはタバコ（たばこ税）
② パンとコーヒーの朝食（消費税）
③ 昨日は給料日（所得税他）
④ ガソリンスタンドで給油（ガソリン税）
⑤ 花束を買いに花屋へ（消費税）
⑥ コンビニで彼女と待ち合わせてお茶を購入（消費税）

⑦　自家用車でドライブ（自動車税）
⑧　遊園地でデート（娯楽施設利用税）
⑨　ランチタイム（消費税）
⑩　温泉に行き湯上りにビール1杯（酒税他）

　上記①〜⑩の税金を「直接税」と「間接税」に分類させる。たばこ税については，疑似タバコを教室に持ち込み，生徒に税金分のタバコを折らせる。また，ビールについても，税金分の水をコップに注ぐ活動も組み入れる。

　海外の税金である「独身税」（20歳まで結婚しない人）「混雑税」（都市部に行くとかかる税）なども紹介する。

## 3　所得の再分配

　筆者の「給料明細書」から，「所得税」「住民税」などを説明する。また，前田敦子や孫正義の所得の紹介をし，「累進課税」について説明する。

## 4　欲望と必要

**書く**　「映画は欲望である」という根拠を書こう。

・見に行かなくても別にどうということはない
・テレビで代表作はやっている
・見ないと損するということはない　　・テレビドラマで十分

「映画は必要である」という根拠はありますか？

　S：「見ることで感激を得ることができる」「そんなのテレビで十分」

「デートにいい」「デートは映画館に行かなくてもいい」など。
T：「映画は欲望であるとのことですので，このような場合は税金を使わず，映画会社に供給をまかせます。難しい言葉でいうと「財政」ではなく「市場」原理で供給するとも言います」

## 5 プールは欲望か必要か？

**書く** プールは「欲望」か「必要」か？

**＜欲望＞**
・泳がなくても別にどうということはない
・他にいっぱいできる運動がある　・学校の授業であるからいい
・暑いからといってプールに行く必要はない

**＜必要＞**
・最低泳げないことにはいざという時に困る　・健康促進にいい
・基礎的体力を養うことができる　・仲間づくりに役立つ

**発問** プールは，国や地方公共団体が財政によってつくり運営したほうがいいか。

S：「夏休みに子どもたちが有意義な生活をするために，つくったほうがいい」「学校のプールで十分」「学校は毎日やっていないし，全員は行けない」
「高齢者が水泳によって健康的になり病気も少なくなる」「高齢者はジムで泳いでいる人が多い」「健康になると，国の医療費の支出が減る」
T：「グレーゾーンのサービスについては，ある程度は財政で賄うが，市場によって対応するのと両方があります。だから，公営プールと遊園地などのレクリエーションプールが併存しています」

## 6 財政がしたほうがいいサービス

> **書く** 「財政」と「市場」によるサービスについて理解してくれたと思います。それでは90〜100%は財政でおこなったほうがいい（おこなっている）サービスに，どんなことがあるか？

- ・消防 ・警察 ・学校 ・公園 ・保育所 ・道路 ・電気 ・病院など
  理由を聞く。
- ・消防……金を払った人だけ助けることになると，火事や地震になったときに，貧しい人は助けてもらえない
- ・警察……会社が逮捕できるようになったらいけない
  　　　　事件がおこった時に，お金を払わないと取り調べしてくれなかったら困る
- ・学校……必要な学力をすべての人につけなくてはならない
  　　　　私学ばかりだと，ますます格差が広がる
- ・公園……会社にまかせたら，入場料等ややこしい
  　　　　すべての人が家の近くで休息したり遊んだりしなくてはならない
- ・保育所……共稼ぎが増えた現在，かなり必要になっている
- ・道路……毎日歩くたびに高速道路みたいに料金を取られたらダルイ
- ・電気……これは人間にとって不可欠だから
- ・病院……貧しい人が高い医療費を取られるようでは病院に通えない

　このなかには，すべて市場によって供給されているケースもあるが，その料金は，政府の認可が必要なものもある。90%以上，財政によりおこなわれているサービスは，「消防」「警察」「道路」「公園」である。ここでは，なぜこれらが「市場」ではなく「財政」によっておこなわれているかを通して，「財政」の役割と，考え方を学ぶことが大切である。

**【参考文献】**
・神野直彦『財政のしくみがわかる本』（岩波ジュニア新書），岩波書店，2007

## 23 ミニネタ 大相撲はどうして年功序列型賃金なの？（成果主義と年功序列型）

プロスポーツから賃金体系を学習するネタである。スポーツといえば，ほとんどの競技が成果主義だと考えがちだが，大相撲は年功序列型である。また，プロ野球は成果主義だが，年功序列も一部ある。意外な事実から，賃金体系を考える。

### 1 プロスポーツ選手の賃金

導入は，プロスポーツ選手の所得から。2015年度年間所得世界一はボクシングのメイウェザー選手で，年間369億円である。2015年度，日本人のプロスポーツ選手で所得ベスト100に入っている選手は，野球の田中将大選手で58位（28億円），テニスの錦織圭選手は92位（24億円）である。以下，日本人では，黒田博樹（野球・16億円），石川遼（ゴルフ・15億円），ダルビッシュ有（野球・10億円）と続く（2014年度）。

このようなプロ選手が年齢や経験年数に関係なく，成果を上げることで所得（給与）がアップする。このことを成果主義という。

### 2 大相撲は年功序列

**Q クイズ** プロスポーツはほとんどが成果主義だが，1つだけ年功序列型の賃金体系のスポーツがある。何か？

S：「サッカー」「バドミントン」
T：「最近，けっこう人気で会場は超満員だよ」
S：「スケート」「相撲」

T:「そう！　大相撲です」
S:「へっ！　横綱になれば多くもらえるのでは？」
T:「横綱の月給は平均いくらくらいかな？　内閣総理大臣より高いか？　安いか？」

多くが「高い」に挙手。

T:「平均の月給は280万円程度だそうです。内閣総理大臣は200万円少しだから，高いが正解です」
S:「もっと高いと思ってた」
　「同じプロ選手をめざすにしても他のプロのほうがいいよ」
T:「そうだね。十両になるまでは，いっさい賃金はもらえないんだよ」

相撲取りの賃金体系を紹介する。

≪相撲取りの賃金体系≫　褒賞金と職能給の２つで決定される。
◆褒賞金……過去の実績に応じて受け取る給与
　好成績を上げると加算され，負け越しても減額されない年功序列賃金
　　勝ち越し１点—50銭　　金星—10円　　幕内優勝—30円
　　全勝—50円　（この数字を400倍する）など
◆職能給……現在の番付の地位で決まる

### 3　なぜ大相撲は年功序列型なのか？

★考えよう　十両まで無給，横綱でもこの賃金！　でも相撲取りになろうとするのはなぜか？

S:「好きだから」「苦しい稽古もあるし，好きだけでは無理」
　「しかも太らないといけない」（笑）「勝ったら懸賞がもらえる」
T:「好取組だと企業が懸賞金を出すけど，これも幕内の有名力士だけだね」

S：「スポンサーがついていてお金をくれる」「……」
T：「年功序列型賃金だからです。大相撲は力士を辞めると年寄になり，指導者として日本相撲協会に残れ，65歳の定年まで勤められる。平均の年間所得は3億6000万円といわれている」
S：「どんな仕事をしているの？」
T：「相撲部屋を開いたり，協会の役人になったら高給だよ。平年寄という普通の人はどんな仕事をしているのか？」
S：「マッサージ」（笑）「部屋の掃除」「ちゃんこ鍋づくり」
T：「すべて正解かな？　まあそんな仕事もしているでしょう。引退したばかりの年寄の仕事は大相撲会場の警備の仕事だよ」

**Q クイズ** 警備員の年間給与はどれくらいか？
約200万円　　約500万円　　約700万円　　約1000万円

**A 答え** 約1000万円（「うそ！　そんなに」の声）

**グループ 討議** 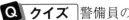どうして，相撲は年功序列型なのか？

S：「日本の国技だから」「年上がえらいスポーツだから」「引退した後，あまり仕事がないから」
T：「どうして引退後の仕事が少ないか？」
S：「太りすぎてるから」
T：「特殊な方法であのような体型をつくっているし，サラリーマンになって満員電車に乗ってると迷惑がられるかな？」
S：「体力との関連で，現役引退してもどこも雇ってくれない」
T：「十両になると付き人があり，10時出勤という生活の後，サラリーマンは無理だよね」
S：「中卒の人も多い」
T：「そうだね。中学校を卒業してから相撲界に入る人もいるから，なかなか一般企業は難しいね」

## 4 プロ野球は成果主義？

**発問** ▶プロ野球選手の年棒はどうして決まるのか？

S:「個人で球団と交渉する」
T:「言ったもん勝ちってことかな」
S:「どれだけ活躍したかが基準」

プロ野球の年棒を説明する。

### ≪プロ野球選手の賃金体系≫

| | | |
|---|---|---|
| 試合数が1試合増える | → | 年棒は108万円アップ |
| 安打数が1安打増える | → | 104万円アップ |
| ホームラン数1本増える | → | 623万円アップ |
| 打点数が1点増える | → | 219万円アップ |
| 三振数が1個減る | → | 154万円アップ |
| 完投数が1回増える | → | 1590万円アップ |
| 勝数が1勝増える | → | 951万円アップ |
| 負数が1敗増える | → | 490万円ダウン |
| 奪三振が1個増える | → | 83万円アップ |
| 自責点が1点増える | → | 123万円ダウン |

＊岩田年浩氏（京都経済短期大学学長）のデータ分析から一部引用

**発問** ▶プロ野球選手の年棒は年齢と関係ないのか？

ほとんどの生徒は「関係ない」。

しかし，年齢が上がると年棒もアップしている。

・野手が1歳増える　→　963万円アップ
・投手が1歳増える　→　500万円アップ

プロ野球は，成果主義が基本だが，年功序列型も一部ある。

## 5　君は年功序列？　成果主義？

> **グループ　討議**「年功序列」「成果主義」どちらかを選択し，それぞれのメリット，デメリットを考えよう。

|  | 20歳 | 30歳 | 40歳 | 50歳 | 60歳 |
|---|---|---|---|---|---|
| 年功序列 | 15万円 | 25万円 | 35万円 | 45万円 | 55万円 |
| 成果主義 | 30万円 | 70万円 | 10万円 | 25万円 | 40万円 |

＜年功序列＞
【メリットの例】
・がんばらなくても賃金が上がる　　・お金が必要な時に収入が増える
・やる気がなくなりがちな年齢で賃金が高いので意欲がわく
【デメリットの例】
・自然に賃金が上がるので意欲が減退する　　・若いころ生活がたいへん
・仕事をしないのに賃金が高い年上に腹が立つ

＜成果主義＞
【メリットの例】
・がんばれば報われる　・やる気が出る　・年齢に関係なく平等
・会社の業績が上がりそう
【デメリットの例】
・病気の時など困る　・お金が必要な時に確実な収入がない
・年下で高給取りがいると雰囲気が悪くなる

【参考文献】
・中島隆信『これも経済学だ！』（ちくま新書），筑摩書房，2006
・岩田年浩『社会人になって成功する大学生活術　名物学長が教える40のアドバイス』アートヴィレッジ，2014

## 授業方法 24 貧困と自助・公助（シミュレーション）

貧困シミュレーションから自助，共助，扶助について考える。また，貧困は他人事ではなく，いつでも誰でもおこりうることを実感する学習である。

### 1 「貧困女子」どの時点で何をすべきだったか

★考えよう　日本では「6人に1人」が「貧困」状態（平均所得の半分以下）といわれています。それでは「2人に1人」とは何か？

S：「大阪の貧困」「そんなことはないわ」
T：「大阪府は生活保護率は高いですが，そこまで貧困ではありません」
S：「高齢者の家族」
T：「確かに，年金も少ないし，仕事もないからね」
S：「1人で暮らす女の人」
T：「一人親家庭の貧困は2人に1人といわれています」

「貧困女性」の生い立ちを紹介する。

　Aさんは小学校までは，両親とともにごく普通の生活を送っていました。しかし，中学校1年生の時に父が他界し，母は，昼間はパート，夜はスナックで働くようになりました。Aさんは不登校になり，中学校を卒業してから，高校には行きましたが，続かず中退してしまいました。彼女は同じような生活をしていた人と19歳で結婚。彼は，アルバイトや派遣などの不安定な生活で，せっかくの給料もパチンコやゲームなどの自分の楽しみに使ってしまう生活でした。子どもは1人もうけましたが，夫婦では喧嘩が絶えなくなり，やがて離婚。その後の人生。

| | |
|---|---|
| 20歳 | 離婚，シングルマザーに |
| 22歳 | 就職活動失敗，派遣女子へ |
| 24歳 | スナックの仕事で副業 |
| 30歳 | スナックの仕事ができなくなる |
| 34歳 | 婚活に行くも失敗 |
| 35歳 | 派遣の仕事がなくなる |
| 38歳 | エステなどに通い自己破産 |
| 45歳 | 母が退職，支援先を失う |

『SPA！』（2014年12月30日・2015年1月6日合併号）参考

**グループ 討議** この女性が貧困にならないようにするためには，どの時点で，本人（自助），友人・親・兄弟（共助），国・地方公共団体（扶助）が何をすべきだったか考えよう。

以下のような意見がでた。各グループから発表する。

**＜自助＞**
- 母が一生懸命働いたことに感謝してちゃんと卒業すべき
- 将来の見通しもないのに結婚すべきではない　・高校へ行くべき
- 離婚はさけるべき　・子どもは生むべきではない
- 高校へ行ってアルバイトをして母を助ける。努力できる人に少しでもなろうとするべきであった

**＜共助＞**
- Aさんが生き方にまよっているので，その間，周囲の人間が前にむかって生きていけるよう支援すべき
- 親がもっと援助すべき　・元旦那が助けてあげなくては

・親が他界した時と不登校の時にサポート
・このような彼氏と結婚することに，もう少し誰かが反対すべきだった

**<公助>**
・シングルマザーになった時に，子育てのための支援をすべき
・シングルマザーの実態に対する認識が甘い
・不登校なのだから，定時制などへの進学を考えたほうがよかった
・母子家庭の支援を充実すべき
・自己破産する前に生活保護を受けることができたと思うし，45歳の母の退職金から支援すべきである

## 2 というけど……こんな現実が……？

発表に対する質問や意見を述べる。

S：「元旦那は援助はしないのでは」「責任あるからしなきゃいけない」
T：「一般的に別れた男性からの援助があるのは何％くらいかな」
S：「50％」「70％」
T：「25％程度だそうです。別れた男性も，自分の生活に精一杯のようです」
S：「やっぱり親はいくら大人になったからといっても援助をしなきゃ」「いっしょに住めばいいのでは」「親も生活が苦しいのでは」
T：「一般的に親との同居率はどれくらいか？」
S：「50％」「60％」
T：「同居できる人は約60％です」
S：「定職をがんばって探せば」
　「かなりの人に仕事がないのに，高校を卒業してないと難しいのでは」
T：「女性の正規労働の就業率は52％です。多くは非正規労働で，平均年収は181万円です」

貧困女子を克服する取り組みとして、島根県浜田市の事例を紹介する。一人親家庭の市内移住を促すため、1年間に限り最大で約400万円の助成をしている。市内の介護施設で働くことが条件で、市は「人材が不足しており、定住にもつなげたい」と話している。授業では「介護施設」を空白にし、適する仕事を考えさせる。

## 3 他人事ではない貧困！

貧困になったある男性を紹介する。

> **★考えよう** （①）（②）に当てはまる言葉を考えよう。
>
> | | | | |
> |---|---|---|---|
> | 18歳 | 大学受験に失敗 | 42歳 | 病気・けがのリスク |
> | 22歳 | 就職活動に失敗 | 43歳 | （　①　）費増大 |
> | 23歳 | 奨学金返済スタート | 45歳 | 住宅ローン破綻危機 |
> | 25歳 | 入社3年目で転職 | 47歳 | 親に（　②　）が必要 |
> | 30歳 | 業績不振で給料が低迷 | 50歳 | 子どもが大学受験 |
> | 31歳 | 結婚・出産 | 55歳 | 投資に失敗 |
> | 35歳 | 正社員としての力量に限界 | 60歳 | 退職 |
> | 36歳 | 派遣切り | 65歳 | 大病になり長期入院 |

**A 答え**　①教育　②介護

> **★考えよう**　この男性の遍歴は、誰でも貧困になる可能性があることを示しています。この男性の貧困は、自己責任でしょうか？　それとも行政が何らかの扶助を行うべきでしょうか？

### ≪自己責任≫
- 大学に入らずに就職すべき　・転職しないでがんばれ　・投資は賭け
- 家は賃貸　・正社員の時にもっとがんばるべきだった　・投資が間違い
- 再就職の選択が甘い　・アフラックに入るべき

≪公助できることは≫
・奨学金を無担保にする　・保険加入の制限を軽くする
・教育支援を充実　・出産祝い金の給付
・就職について大学がもっと支援すべき
・奨学金の返済を現状によって減らせる制度にする

　それぞれ発表させる。そこから，誰もが状況によっては貧困になる可能性があることを実感させる。

## 4　日本の社会保障

> **発問**　日本の社会保障は，これまで学習した貧困女子や貧困になったサラリーマンに対してどのような保障をしているか，まとめよう。
> ①　失業してしまった
> ②　母子家庭になった
> ③　生活が苦しくなった
> ④　大病で入院
> ⑤　親の介護が必要になった

　教科書を参考に，以下のことをまとめる。
①雇用保険　②母子福祉・児童福祉　③生活保護　④医療保険　⑤介護保険
　最後に，日本の社会保障には，社会保険，公衆衛生，社会福祉，公的扶助の４つがあることを確認する。

　実際，「貧困」の渦中にいる生徒がいるので，配慮が必要である。とくに「自己責任論」については，意見としてでてくるが，安易な教師の同意はひかえるべきである。他人事ではなく，誰もが「貧困」になりうる世の中であることを理解させたい。

## 25 どうして,「貧困」「格差」はなくならないの？（社会保障）

活用

貧困は発展途上国だけの問題ではない。経済政策の無策と、グローバル化進展によって、世界に貧困と格差が広がっている。アメリカをはじめ、日本も例外ではない。いわゆる豊かな国で貧困が増えているのはなぜか？「市場の失敗」と、それを改善するべき「政府の役割」に焦点を当てる。

### 1 「小野市福祉給付制度適正化条例」（俗称「生活保護費でギャンブル禁止条例」、2013年3月）

上記条例について説明する。
・禁止事項：「給付金の不正な受給」「パチンコ、競輪、競馬その他の遊技、遊興、賭博等に費消し、その後の生活の維持、安定向上を図ることができなくなるような事態を招くこと」
・「市民や地域社会にも責務を定め、不正受給やパチンコなどで保護費を浪費する人を見つけたら、速やかに市に情報提供する」
・「罰則の規定はない」

> ★★考えよう　この条例に対して全国から1700件の意見が寄せられました。6割が賛成。4割が反対でした。あなたはどう考えますか？

賛意の意見が多いが、反対する意見も散見される。

#### <賛成>

・生活保護はお金が足りないから、それを補う制度。衣食住以外のことに使うのはよくない
・人々からの税金によって支援されているのに無駄にしている
・生活保護費は、人が生活していくうえで必要最低限度の額であるので、その金をギャンブルなどで浪費すべきではない

・内容は賛成だが，プライバシーの保護が課題
・ギャンブルするお金を渡しているわけではない。当然である

**＜反対＞**
・市民が監視するのはおかしい
・お金は持っている人のもの。ギャンブルで資産を増やすのもオッケー
・女性は化粧などおしゃれでお金を使うのに男性はない。女性は美しく着飾るという楽しみがあるが，男性も息抜きがいる
・趣味にしている人もいると思うので，それを取り上げてしまうのはおかしい。お金を制限すべき
・罰則がないのは何の意味もない

　自由に意見を引き出せるのが，この事例の特徴である。また，この事例に，現在の日本の社会保障の現状と課題が集約されている。

## 2 人権モデルから適正モデルへ

　2006～13年の日本の社会保障政策を概括し，その特徴を学習する。

　**発問**　日本の最近の福祉政策の変化を象徴する次の①～⑬の言葉や出来事を読んで，（　ア　）～（　ウ　）に当てはまる言葉をいれなさい。また，日本の福祉政策がどのように変化しているかについてまとめた次の文章の（　エ　）～（　キ　）に当てはまる言葉を考えよう。

① 2006年　NHK「ワーキングプア」放映
② 2007年7月10日　北九州市孤立死事件
　警察により発見された遺体は死後1か月，日記には「（　ア　）食べたい」と書かれていた。
③ 2007年　「（　イ　）難民」が流行語大賞トップテンに
④ 2008年　「（　ウ　）」
　小林多喜二が書いた有名な小説が流行語になる

⑤ 2008年12月31日　日比谷公園に「年越し派遣村」住まいを失った人たちの避難所（270人が入村）
⑥ 2009年　「派遣切り」
⑦ 2009年3月20日　埼玉，群馬，静岡，京都など8府県で一斉に派遣村が開設。生活保護の集団申請がおこなわれる
⑧ 2010年11月30日　「ワンストップ・サービス・デイ」ハローワークがやっている職業相談，自治体がおこなっている住宅手当や福祉資金，多重債務などの相談を1か所でおこなう（全国77か所）。
⑨ 2011年3月11日　東日本大震災
⑩ 2012年　NHK「生活保護3兆円の衝撃」放映
⑪ 2012年4月　芸能人の母親の生活保護受給が判明
⑫ 2013年　事業仕分け
⑬ 2013年4月　約10％程度の生活保護基準を引き下げ，歳出を8000億円削減

＊時間の関係で深入りはしない。NHK放映のドキュメントについては，あらすじを紹介した。

**A　答え**　ア　おにぎり　　イ　ネットカフェ　　ウ　蟹工船

　2006年から2011年の大震災までは，日本の福祉政策は，生活保護家庭，非正規労働者や失業者に対して（　　エ　　）。"すごい"って思ったのは，（　　オ　　）番で，それは（　　カ　　）からだ。大震災以降は，（　　キ　　）へと変化している。

**回答例**　エ　あたたかい　　オ　⑦
　　　　　カ　生活保護を集団申請している　　キ　バッシング

　回答例のポイントは，オとカである。「全国77か所での相談会」「避難所の設置」など多様な意見交換が行われた。この論議を通じて，福祉政策で何が重要か明らかになる。

第4章　「経済学習」ウソ・ホント？授業　123

## 3 財務省見解に対して

　現在の社会保障をめぐる課題を，財務省見解から考察する。まず，賛否を問う。①から③のどの項目も，3分の2近くが賛成である。あえて以下のことを考えさせた。

≪財務省見解≫
①生活保護利用者が現在211万人を超えて史上最高です。予算も2012年度は，国・地方で3兆7000億円です。これが，日本の財政危機を招いています。
②生活扶助費を減額すべきである。各国と比較しても，欧州諸国は3万円台から4万円台なのに対し，アメリカは1万6000円くらいと低い水準になっている。日本では1人あたり6万～8万円と高く，引き下げもやむを得ない。また最低賃金より高い地域もあり，これでは働く意欲をなくす。
③不正受給が増えている。2010年度で摘発されたのは2万5000件だった。金額で，約129億円となっている。

> ★考えよう　財務省見解を批判するとして，あなたは，どんな意見ですか？

①に対して
・他の問題でも財政危機を招いている（多数）
・貧困女子の現実を考えると，生活保護を受けないと，子どもも親も餓死するかもしれない
・金持ちの高齢者の年金を減らせばいい
・オリンピックで浪費が多いのではないか
・生活ができない，ごはんを食べられない人を見捨てるのか

　教師のほうからは「支援し続ければ，働き始めて国の経済が回り始めるかもしれない。国の収入が増える可能性がある」「縦割り行政で無駄な支出をしているのでは」の2点を付け加えた。

②に対して
・国によって値段が違う。国の比較はあまり意味がない
・生活水準や国の違いがあるのに合わせる必要はない
・最低賃金が低すぎるのでは
・最低賃金より高い地域は受給金額を減らせばいい
・お金だけが勤労意欲を高めるのではない。最低賃金を統一するのも一つの方法

③に対して
・不正受給をするのは国の問題。そうなる前に調査すべき。減額するのはおかしい
・不正受給は全体の3％しかない。全体から考えれば少ない
・不正受給に対しては，厳しい基準をつくってチェックしていれば防げる
・不正を見抜くのは行政の責任

　本授業は，すべてオープンエンドで終わった。社会保障をめぐっては，いろんな課題があり，また，多様な見方・考え方があることを理解できれば，本時の目標は達成できたと考えていい。

【参考文献】
・大山典宏『生活保護VS子どもの貧困』(PHP新書)，PHP研究所，2013

## 26 活用 大きな政府か小さな政府か（政府の役割）

「大きな政府か小さな政府か？」の議論である。この2つの相違は比較的理解しやすく，少しの説明で＜メリット＞＜デメリット＞を考え，相互討論が可能である。

### 1 大きな政府，小さな政府とは

> **発問** へっ！ アメリカは小さな政府なので，○○がおこなわれなかったことがある。さて○○って何？

・医療　・救急　・消火　・葬式　など

　最初の3つが正解だが，火事がおこっても，民間の保険に入っていないため消化活動がおこなわれなかったことを説明する。つまり，「小さい政府」とは，税金を安くして，国や地方公共団体の仕事を少なくし，自己責任が基本の政府である。

> **発問** 大きな政府は北ヨーロッパの国々である。所得の30％は税金を払っているので国がいろんなケアをしてくれる。例えば，どんなことか？

・医療費は無料　　・保育所代はタダ　　・学校はもちろん
・老後の生活の保障　　・失業した時の手当　など

　どの国もすべて，そういうわけにはいかないが，概ね，そんなイメージだと確認する。

126

**説明** 小さな政府から大きな政府まで

① ＜夜警国家＞政府は盗みを取り締まり，契約の効力を保証し，国防など最低限のインフラを提供する。
② ＜公共サービス＞①の仕事に加え，道路の整備や教育といった公共サービスが加わる。
③ ＜セーフティーネット＞年金や健康保険などの社会保障を国が用意する。
④ ＜生産や価格のコントロール＞鉱業や農業といった一部の産業を国が保護したり，場合によっては保有する。家や食糧など，生きるうえで必要なものについて，政府が分配をコントロールする。

## 2 大きな政府と小さな政府のメリットとデメリット

**書く** それぞれのメリットとデメリットを3つ以上書こう。

### 回答例
【大きな政府】
＜メリット＞
・老後が心配なくすごせる　・子育てが安心　・大きい病気でも安心
＜デメリット＞
・税金が高い　・自立心がなくなる　・国の財政赤字が増える

【小さな政府】
＜メリット＞
・税金が安く日常生活が豊か　・公務員が減る　・貯金が増える
＜デメリット＞
・大きい病気になったら不安　・若い時はいいが老後が不安
・火事になったらたいへん
　それぞれの＜メリット＞＜デメリット＞を板書していく。

## 3　どちらの政府がいいか

どちらの政府がいいか，その理由とともに考えさせる。
黒板に以下の数直線を書き，自分はどの位置か書く。また，自分の主張を200字程度にまとめ，プレゼンする。学級の人数は37名だが，20名は大きな政府を選択している。小さな政府は10名，どちらとも言えないが7名。

**大きな政府**　　　　　　　　　　　　　　　　　　　　　　**小さな政府**

| ⑩ | ⑨ | ⑧ | ⑦ | ⑥ | ⑤ | ④ | ③ | ② | ① |

**＜プレゼンテーション例＞** ※数字は上の数直線に対応

⑩　デフレ脱却と高齢対策になる
　教育費が安くなるので出生率が高くなります。子どもは保育園などに預けることができるので共働きができます。そして，老後はほとんど国が面倒を見てくれるので，将来に不安はなく，貯金はせずに消費できます。このようなよい循環が生まれ，デフレを克服し高齢対策にもなる大きな政府がいい。

⑨　国にしかできないことがある
　国にたくさんのお金があると災害の時にしっかりと対応してくれるし，老後になった時，医療や施設などをはじめ，安全で快適な暮らしができるからです。公務員が増えると職もあり，生活も安定すると経済も活性化します。もっとも大切なことは，国にしかできないことがたくさんあります。それをしてもらうためには，税金は高くても大きな政府のほうがいいと思います。

⑧　現実の課題解決のためには大きな政府が必要
　規制緩和が進んでいますが，そのなかで増えてきたのが将来に不安をもつ人々です。いくらまじめに働いても必要最低限の収入がなかったり，ネットカフェで一夜を過ごすような人が増えています。そのような人に安定した雇用を与えることは，財源の少ない小さな政府だとできないと思います。

⑥　それぞれのメリットを生かす
　極端にいえば小さな政府がいいと思います。そう単純な問題ではないので

すが，国や地方公共団体が抱える厖大な借金をなくすためにも，行政の無駄遣いをなくすことが必要です。でも，失業者や高齢者などをフォローするシステムをきちんと整備しなければ，結果的に膨大な支出につながり，機能しなくなります。だから，日本は小さな政府と大きな政府のそれぞれのデメリットを最大限に抑えつつ，それぞれのメリットを最大限に追求する必要があります。

④　役人を減らすことが大切

　日本は役人が多く，人件費だけでも巨額になっています。さらにそれが経済を圧迫しているのに加え，役人一人一人に対する仕事量がとても少なくなっています。そうなると公的なことより私腹を肥やす方向にむかってしまいます。国民も政治に参加する小さな政府のほうが望ましいです。

②　小さな政府は自立心をもった人が増える

　国民が責任をもち活動的になると思います。また，国の財政赤字も解消されます。ただ，政府の役割が減った分，国民に負担させてはいけないと思います。私の曽祖父は90歳で一人暮らしをしています。保険料を払っていますが，ほとんど病院にかかっていません。福祉が充実しすぎると，自立心をもった人がへり，依存してしまう人が増えたり，不正受給が増えると思います。

①　3つの理由で小さな政府がいい

　第一に税金の負担が少なく，普段の負担が少なくなるので，人々の暮らしが楽になることです。第二は，国があまり手を加えないことで，産業で自由競争がおこなわれ，民営化が進んでいくことです。第三は，政府が必要最低限のお金しか使わないので，無駄遣いが少なくなるということです。

　価値判断と言語力・表現力を重視した授業である。他者の異見を聞くことから，プレゼンに対する意見交換をすれば，さらに深まる授業になる。

### 【参考文献】
・ティモシー・テイラー『スタンフォード大学で一番人気の経済学入門　ミクロ編』かんき出版，2013

## 探究 27 非正規労働者の失業は自己責任か政治の貧困か？
～社会事象を多面的多角的に見る力を育てる討論の授業～

経済学習の「雇用問題と景気回復の解決方法」の紙上討論で、Yから以下のような問題提起がおこなわれた。「首を切られた派遣社員は、なんやかんや文句言いすぎやねん。（そうじゃない人もおると思うけど）ワーキングシェアとか派遣社員を減らせとか言ってるけど、働くところはいくらでもあるねん。自分らは仕事選んでいる暇なんかないやろ？　と思う。まじめに正社員で働いている人を見習ったほうがいい」と。これまで、「人手が足らない介護や病院等で雇用の確保を」「農業の再生に失業者を」「自動車会社に公的資金を」「公共事業をおこす」等の意見が続いていた討論に一石を投じる発言だった。Yの意見は、いわゆる「自己責任」論であり、この間の「派遣切り」の言葉に象徴される大量失業時代に、企業と国家責任を「弁護」する考えである。

授業後も、何人かの生徒が集まってきて、「私もそう思う。だって隣の30代の人なんか、働かずに甘えてるわ」「そりゃ、一生懸命やっている派遣の人もいると思うけど、今まで気楽に働いていたのが悪い」等々、Yへの支持意見が続く。一人の生徒の意見に、授業後も反応を示すことも異例のことである。この時、私は、これまで「綺麗事」で推移してきた「雇用問題と景気回復」論議を深める絶好の機会だと考え、「自己責任論」をテーマに討論会を実施することにした（2011年度の実践）。

### 1　定期テスト論述問題

紙上討論は、定期テストで書かせた論述問題について、その賛否両論を併記し、数回意見を書かせるという方法で実施している。実施時間帯は、通常時間の冒頭の10分程度を使っている。論述問題は、事前に問題を提示してい

るので，新聞，テレビ，保護者や兄弟姉妹への取材から文章を考えることが可能である。

> アメリカのサブプライム問題に端を発した不景気は，世界経済に大きな影響を与えました。日本の株価は下がり，倒産する会社もでてきました。日本もいっきに不景気になりました。それに対しておこなわれた非正規労働者に対する首切りは「派遣村」を生み，日本の抱えていたさまざまな問題がいっきに噴きでてきた様子です。この問題を解決する具体的な方法について，あなたの意見を200字程度で書きなさい。

試験問題についての解答は，以下のような意見である（一部抜粋）。

第一に，財政政策によるものである。「ニューディール政策に学び，さらに失業者を雇った会社には企業発達のためにお金を与える」「国が収入の多い輸入企業や人から多く税金を取り，収入が低いなどの人たちに援助してあげる」「国民の購買意欲を上げなくてはいけない。そのためには，消費税を下げたり，現在失業している人に職を与える」等，一般国民には減税をおこない，内部留保のある会社の法人税アップと，公共事業による雇用の確保である。

**・国民の購買意欲をアップさせる（S）**

まず日本の不景気を解決するには国民の購買意欲を上げなくてはいけない。そのためには，消費税を下げたり，現在失業している人に職を与えて，所得を与えなければ何も解決しないだろう。昔のアメリカのニューディール政策を見習って，何か行動しなくてはならない。今の日本の政治家は，自分の選挙のために政治をしている。国民のための政治ができないなら，日本の政治のしくみも変えたほうがよい。迅速に何事にも対応できないようではダメだと思う。

第二に，雇用創出による解決である。「人手不足の老人ホームの管理職に就かせたり，産婦人科などといった職業に就かせて，いずれは免許もとれるというシステムにする」「農業の高齢化が進んでいる。そこで，政府が失業者の手助けをして，多くの人が農業をできる社会をつくる」。「介護」「医療」「農業」等の人手不足の分野での雇用創出の提案である。この意見には，約半数の40名が賛成意見を投じた。また，「ワーキングシェア」の提案もおこなわれた。

### ・介護・医療の仕事に（N）

　派遣社員が首切りされても，第二の受け入れ先となる会社が首切りをする会社に紹介したり，一定期間，給料を保証したりする制度にすればいいと思う。派遣労働者が増えるのならば，今，人手不足の老人ホームの管理職に就かせたり，産婦人科などといった職業に就かせて，いずれは免許もとれるというシステムにすればいいと思う。そうすれば職が少しでも安定するし，例えばその職業が派遣社員の人たちにとって望ましい職業じゃなくても，やっていくなかでやりがいのある職業だと思うし，そんなこと言ってる暇はないと思うからです。

　また，「定額給付金」「軍事費の削減」の意見もあった。

## 2　紙上討論1　「雇用創出」に40％の賛成

　以上の意見を18類型にまとめ，＜ダイヤモンドランキング＞（景気対策としてもっとも適したものを1つ，まあまあのものを3つ，不適切なものを1つあげる）の手法を使い再考させた。「医療や介護に失業者を雇用する」「農業活性化のための雇用」の意見に多くの賛意がよせられた。また，「軍事費削減」に40％が反対した。

「雇用創出」への賛成意見として，次のような意見がある。

・**国内の農業を育てよう（A）**

　B君の意見は今の日本にはとてもいいことだと思う。産地偽装や農薬問題で騒がれているなかで，やっぱり国産の野菜とかは安心だし，国産のものは少し値段が高いけど，この政策をすれば値段も安くなって国産の野菜などを買う人も増えるんじゃないかと思う。

・**介護や医療現場で働いてもらう（H）**

　日本では介護施設の従業員の割合が少ないです。そういう人手不足の職に派遣の人を就かせたらいいと思う。産婦人科とかでも，妊婦さんを受けつけないところもあって赤ちゃんの命が危機におかされている。そのようなことが少しでも減るように，手助けとなる派遣の人を送り込むことによって世の中がよりよくなるし，派遣の人も生活に苦しまなくてもいいようになると思う。

## 3　Yの自己責任論をめぐって

　そのなかで，冒頭のYによる「自己責任」論が登場した。

　この時，私は，これまで「綺麗事」で推移してきた「雇用問題と景気回復」論議を深める絶好の機会だと考え，「自己責任論」をテーマに討論会を実施することにした。

　2回目の紙上討論は，Yの「自己責任論」に限定し賛否を問うてみた。すると，潜在意識としてもっていたのか，60数パーセントの生徒が賛成をした。しかし，賛成意見については感情論が多く，具体的な資料やデータなど根拠に基づいたものではなく，むしろ，少数派の反対意見に説得力のあるものが多かった。

◆**賛成意見**◆

「いつも首切りと隣り合わせで仕事をしているのだと思う。むしろ，いつ仕事を辞めさせられてもいいくらいの気持ちでいないと仕事が務まらない」「失業者が家とか住むところとかなくなって，路上にいたりするニュースをよく見るけど，なんでそんなすぐお金なくなるんやろうって思う。ちゃんと働いている時に貯金しといたらよかったのに」「正社員は毎日働かないといけない，同じ仕事ばかりだから飽きるとかの理由で派遣の道を選んだ人は，何を言っても説得力はない」

◆**反対意見**◆

第一に，勤労意欲の問題ではなく，世界や日本が不景気の状況下では国が対策を立てるべきだという意見である。「国全体で何百人もの人がリストラされて，国全体の問題であって個人でどうにかできるレベルではないと思う」「世界全体の問題として考えれば正社員を雇えるほどの環境でない今，国が助けざるを得ない。逆に失業者を利用して公共事業をおこせば景気回復につながると思う」「日本の企業は今生き残るために必死だから首切りをしているのに，新しく正社員を雇うということはあり得ない。だから，働きたくても働けない状態にある失業者に"働くところはいくらでもある"という意見は間違っている」「この不景気のなか，新しい職を探すとなると仕事が限られてくる。それに私たちが考えている以上に失業者は多く，全員が仕事に就けるわけじゃないから，ワーキングシェアも必要だと思う」

第二に，労働者派遣法と，日本の雇用体制の問題点を指摘する意見である。「正規として契約せず，派遣社員（非正規社員）としてたくさんの労働力を得ていたから，いざ不景気になると，契約上，簡単にクビにできる非正規社員がクビにされる」「政府が何を考えてこの派遣をつくったかを知らないからそんなことを言えるねん。派遣は社長，正社員のために利用されているだけ。また，派遣の給料を減らして，正社員，社長，おえらいさんの給料を増やしたいから。不景気というけど社長さんの財布はあたたかい」

## 4 自己責任論批判が75%～クラス討論会～

　最後は，「派遣労働者の失業は自己責任なのか？」というテーマで，クラス討論会を実施した。(◎自己責任　○自己責任ではない（教師の発言は省略））

◎「正社員になる道があったにもかかわらず，自分で非正規社員の道を選んだのだから，失業したからといって文句は言えない」

○「正社員になりたかったのに，なれなかったのはそのような状況だったから。しかも，不景気という時代状況のなかで失業したのだから，国にも責任がある」

◎「正規労働者になる可能性も十分あるにもかかわらず，ならなかったのが問題。不景気とかは関係ない」

◎「1回で正社員になれなかったといってあきらめたらダメ。何回もチャレンジすべきである」

◎「家のない派遣の人が，会社の寮を頼るのがおかしい。住居は自分で確保すべき」

○「正規，非正規に関係なく，失業者がいれば助けるのが国の仕事だ」

○「自分がそうじゃないからそう言えるだけだ。会社の社長は，非正規労働者をうまく利用してきただけ。社会に利用されてきたともいえる」

○「努力して資格をとっても，働く場所のない人もいる」

○「資格があっても会社が雇ってくれないケースも多い」

◎「資格をとったり努力している派遣の人もいるが，それは少数だ」

○「会社は，もうけることしか考えていない。いい時は非正規で雇い，景気が悪くなればクビを切る」

（中略）

○「憲法25条に，最低限度の生活は保障すると書かれているのだから，国は，憲法に従って，助けるべきだ」

◎「あまり国が援助しすぎると，正社員で楽をしようとする人がでてくるから甘やかしてはいけない」

◎「憲法に書かれているという意見だけど,憲法には職業選択の自由もあり,その道を選んだのだから責任をもつべき」
◎「家族のことを大事と思うんだったら,もっとがんばれると思う」
○「みんな家族のためにがんばってるって！ 仕事見つけようとしてるって！ でも,それができないんだって。そういう社会が悪い」

　以上のような討論学習をするためには,すべての生徒が,そのテーマに対しての意見形成をしていなくてはならない。本実践では,数回の紙上討論により,そのことを可能にした。クラスや学年全体が,テーマについて興味を喚起できるよう,意見を掲示板に貼りだす等の工夫もおこなった。

# 第5章

## 「国際学習」ウソ・ホント？授業

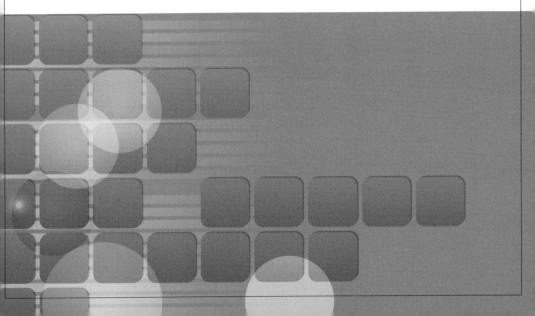

## 28 核兵器完全廃絶は可能か？（核問題） 〔活用〕

核兵器の現状学習の後、「完全廃絶は可能か？」を議論する。大部分の生徒は、なくなってほしいが無理だという意見である。それでは、どうすれば、この世界から核兵器を廃絶できるかを考えさせる。

### 1 アメリカとソ連（ロシア）の核兵器

黒板に次のグラフを示す。

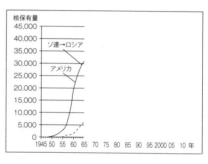

**発問** （班から1名を選ぶ）アメリカとソ連（ロシア）のその後のグラフの変化を書きに来よう。

正解は1つ程度。ソ連は大幅に増えていると書いた生徒が多い。また、現在はアメリカよりロシアのほうが多いと書いた者もいる。

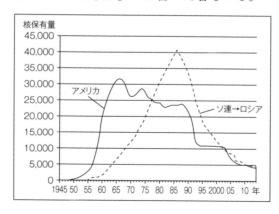

138

## 2  核兵器が減ってきた要因を考える

1965年ごろまで増えているのはなぜか。

・冷戦時代でアメリカとソ連が対立していたから
・お互い核兵器で相手をビビらそうとしていた
T:「冷戦時代で、お互いが核競争をしていたから」

それ以降、核兵器が減ってきた要因は何か？　プリントに書こう。

・冷戦が崩壊したから
・日本をはじめとする国が核兵器に反対をしたから
・国連などで核兵器を減らそうとする動きがあったから
・世界から戦争が減ってきたから
・大国どうしの戦争がなくなってきたから

## 3  世界の核保有国

世界の核保有国の地図（略）を示す。国連の常任理事国の5か国が核保有していることを確認する。

★**考えよう**　北朝鮮、イスラエル、パキスタン、インドなどは、どういう理由で核兵器を保有しているか。

S:「インドとパキスタンは隣どうしで相手をビビらすため」
T:「インドとパキスタンは国境をめぐり争っています」
S:「イスラエルは認められている」
T:「世界がNPL条約で認めている？のは5か国だけだよ」
S:「アメリカが認めている」

> T：「なるほど！　イスラエルが敵視している国は？」
> S：「イラク」「イラン」
> T：「中東戦争というのが何回もおこっていてアラブ諸国と対立しています。北朝鮮は？」
> S：「アメリカなどに対する牽制」
> 　　「核兵器を持ってるぞって言って，いろんなことを要求する」
> T：「諸外国から経済援助などを引き出したり，発言権を得るためみたいだね」

## 4　核兵器はなくなるか？

　核兵器廃絶の見通しについて考える。軍縮の動きを学習した後，2009年4月5日チェコで行われたアメリカ・オバマ大統領の演説，日本において福島原発事故以降広がる脱原発の動きを紹介する。

> ★考えよう　（黒板の右側に「なくなる」，左側に「なくならない」と書く）核兵器がなくなるか，なくならないかと，その理由を付箋に書き，黒板に貼りに来なさい。

　ここでは「一言メッセージ」である。大部分は，「なくならない」で，2名は「なくなる」となった。

**＜なくなる＞理由**
・なくなる，なくならないより，なくさないといけない
・世界で大きい戦争や紛争がなくなり，軍縮の動きがあるから

**＜なくならない＞理由**
・隣国に脅威がある限り全廃できない
・全廃するにはお金がかかる
・核があるからこそ平和を維持できる
・内戦や民族紛争がある限りなくならない

・資源確保のために核は必要
・人間に自負心や欲があるから全廃は無理
・他国からの圧力が軽くなり，逆に圧力をかけられる
・アメリカは本当に核兵器をなくす気がない

> **✦ 発表** 発表原稿を書かせる。数名を選び発表させる。

<例1>
　一度，核兵器のもたらす兵器としての力と政治に及ぼす力の大きさを知ってしまうと，もし，この核兵器を手放すと考えた時，悪い予想しかできなくなってしまって，最終的に手放すことができなくなってしまうと思うからです。そんな国が1か国ではなくて複数あるのだから，もし自分の国だけが手放したらという考えがさらによぎって手放せなくなってしまう。だから世界から核兵器が全廃するとは思えない。

<例2>
　核兵器を全廃するのは不可能だ。それは，隣り合って争っているインドとパキスタンのような例である。それは「あの国も持ってるじゃないか」「なんで俺らがなくさなあかんねん」などと身勝手なことを言うのではないかと思う。アメリカはとても全廃とはいわないまでも削減しようとしている。その行動を他の核兵器を持っている国も少しずつはじめていく以外ないと思う。

<例3>
　私は，核兵器は全廃できないと思います。理由は，隠して核を持っている国があるからです。確かに，今世界で「核をなくそう！」と言っているが，日本だって核の傘で守られているし，常任理事国は NPL により核兵器の保有が認められています。

> **◀ まとめ ▶** 意見を300字程度にまとめなさい。

> <例>
> 　私は核兵器をなくす方法を5点にまとめました。一つは核兵器をなくす運動を粘り強く続けることです。とくに唯一の被爆国の日本が呼びかけることが大切です。二つは，根本的な原因をなくすことです。それは，世界から貧困と紛争をなくすことです。とくに北朝鮮と韓国の統一は大切です。三つは，国連ががんばることです。非核三原則を世界が決意することです。四つは，あまりしたくないですが制裁も大切です。経済封鎖も含めやらないといつまでもなくなりません。最後に，現代のNPL条約で5か国に核兵器を認めていることがおかしいです。これがあるから大きい戦争もおこらないとも思いますが，徐々になくしていくことが大切です。

　第一段階は，「数直線」により，自分の意見を「一言」で表明。第二段階は，100〜200字程度で「発表」。最後は，いろんな異見を聞いたうえで自分の意見を再考し，300字程度にまとめる授業である。

　協働の学びにより，言語力・表現力を高め，アクティブ・ラーニングを可能にする実践である。テーマは核兵器廃絶であるが，核抑止論を超えられない現実がある。ここをどう乗り越えていくか？　次のテーマである。

## 【参考文献・実践】

- 春原剛『核兵器がなくならない7つの理由』(新潮新書)，新潮社，2010
- 太田昌克他『「核の今」がわかる本』(講談社α新書)，講談社，2011
- 鈴木昭彦「核兵器廃絶は可能か」日教組第61次教育研究全国集会報告書，2012

授業方法

# 29 現代の戦争と日本の貢献（劇化）

戦後の湾岸戦争から多極化する世界についての授業である。この単元は，中学生にはかなり難解な内容なので，「国際社会」を「学校のクラス」に想定し，疑似的手法で理解できるよう工夫した。

## 1 湾岸戦争

登場人物：ナレーター　国連先生　アメリカ君　日本君　クウェートさん　イラク君　カンボジアさん　アフガニスタン君　アフリカさん　中国君

- ナレーター：「時は1991年。地球市立○○中学校です」
- クウェート：「イラク君が私に暴力をふるい，私の机と椅子と私が大切にしているものをとろうとしています。誰か助けてください」
- アメリカ：「小さくてかわいいクウェートさんをいじめるなんて許せない。おい！　イラク，クラスのみんなも怒ってるぞ」
- クウェート：「アメリカ君，ありがとう！　イラク君もいじめをやめてくれたわ」
- アメリカ：「でも優等生の日本君の対応はよくないよ。みんないじめをなくそうとしているのに，何もしないなんて」
- 日本：「だって，我が家の方針は暴力をやめようということなのでごめん。でも，がんばって散乱した机と椅子の片づけはするから」

> **発問**
> ・クウェートが大切にしているものとは何か？（石油）
> ・日本の「我が家の方針」とは？（戦争放棄）
> ・散乱した机や椅子の片づけって？（掃海艇を派遣し機雷除去）

## 2 PKO法成立

- ：「翌年の1992年になりました」
- ：「このままではクラスのはみごになってしまうし，アメリカ君にも嫌われそうだ。でも家族は暴力を許してくれないし。どうしよう？　そうだ！　国連先生のあとについて平和のために貢献するくらいなら許してくれるかな」
- ：「カンボジアさんが，女子どうしのもめごとで困っているらしい。心も体もガタガタらしい」
- ：「僕は暴力は禁止されていますが，壊れた机の修理や気持ちをほぐすことはできます。ぜひ，先生が先頭に立ってクラスのみんなで問題解決に当たってくれるなら，僕も協力できます」
- ：「日本君ありがとう！　あなたの家の『車』と，あなたが造ってくれた『はし』を私の紙幣に貼っておきます」

> **発問**
> ・女子同士のもめごとって？（内戦）
> ・国連先生といっしょに行う国際貢献って？（PKO）
> ・「はし」って？「食べるはし」それとも「ブリッジ」？
> 　（カンボジアの紙幣には，日本のインフラ整備等に感謝し，「日本の橋」と「トヨタの車」がデザインされている）

## 3　アメリカ同時多発テロ

- ：「こうして日本君もちょっとは認められるようになりました。そして，2001年9月11日を迎えました」
- ：「アメリカってうっとうしいな。自分の仲間だけいい目して，俺たち全然面白くないよな。1回，反乱をおこさないと気づかないよ」
- ：「そして，アメリカ君が大切にしていたものを2つ壊してしまいました」
- ：「お前ら何やってんだよ！　首謀者は誰だ！　ビンじゃないのか？　絶対ビンだ！
　　お前ら，奴をかくまっているだろ。アフガニスタン君をやっつけろ！　日本君も手伝って！」
- ：「後ろで支援とか応援はできるかな。喧嘩道具とかはあげるし，アメリカ君がやりやすいように協力はするよ」

### 発問
- アメリカの仲間とは？（富裕国やキリスト教圏など）
- 壊した2つとは？（国防総省と貿易センタービル）
- 日本のした後方支援とは？（小銃保持，道路整備，兵器輸送など）

## 4　イラク戦争とアフリカ

- ：「そして，次の年の2002年に，また事件がおこりました」
- ：「イラク君が，危ない武器を持っているらしい。この武器はクラスの5人しか持ってはだめなんだ！」
- ：「俺の近くにいるイスラエル君が危ない武器を持っていても何も言わないのに。なんで俺だけ言うか訳わからん！　ってか俺は持ってないって！」

第5章　「国際学習」ウソ・ホント？授業　145

- :「絶対持ってる！　イラク君の机の中を探してください」
- :「いやだよ！　なんでそんなことをされなあかんの」
- :「今回は，どちらが悪いかわからないので私はかかわりません」
- :「今回は先生もかかわらないと言っているのに僕はどうしよう？　アメリカ君に嫌われるのも嫌だし，また，同じように後方支援で，武器は持たないけど運ぶだけでもしようか」
- :「さあ，イラク攻撃だ！　クラスのみんなもよろしく！」

- :「しかし，イギリス君をはじめ，クラスの数名しか協力せず，反対もありました。危険な武器も見つかりませんでした」
- :（ひとり言）
  「僕は，けっして喧嘩が好きでやってるんじゃなく，クラスが平和になるためにやっているのに。イラク君のことだって，危ない武器だけじゃなくて，みんなを力でねじ伏せようとすることに対してダメだと言っているだけなのに」
- :「僕ってこんなんでいいんだろうか？　クラスのために何かできることあるかな」
- :「日本君，私は信頼しているよ！　日本君は過去にいろんな人をいじめてたけど，今は，反省しているからすごいよ！　私は日本君からいじめられたことはないし。女子どうしのトラブルの時も，もめごとを承知で仲裁に入ってくれたじゃない。アメリカ君みたいな乱暴者の言うことは聞けないけど，日本君の言うことなら聞けるよ。私たちのグループのソマリア君が乱暴をした時も，安全を守るため，がんばってくれたことも知ってるよ」
- :「さて，これから僕はどうすればいいんだろうか？」

- 危ない武器とは？（大量破壊兵器）
- 核兵器を持てる国とは？（アメリカ　イギリス　フランス　ロシア　中国）
- アメリカ君は，独裁体制に苦しんでいる人民を救おうとしているが，これは許されるのか？
- 日本君がいじめていた国とは？（朝鮮　中国　東南アジア）
- ソマリアでおこったこととは？（ソマリア沖で海賊行為があった時に，タンカーの護衛のために自衛隊が派遣された）

## 5　集団的自衛権

:「それから10年あまりがたちました」

:「日本君，君の荷物なんだけど，僕のロッカーまで侵入してるんだけど。何とかしてくれない！」

:「このロッカーはずっと以前から僕のものだし，今も使ってるよ」

:「それはおかしいって，僕もその前から使ってる」

:「確か，そのことは，もめごとの原因になるからほっておこうって言ってなかったかな」

:「いや，このロッカーは明らかに僕のものです」

（ひとり言）

「最近，中国君って，ちょっとお金持ちになったかもしれないけど，いきがってるんだよな」

「アメリカ君，中国君に喧嘩売られたら助けてくれる？」

:「いや，ちょっと無理かな。最近，けっこう中国君にも世話になってるんだ」

- :「へっ！ ってことは，中国君から喧嘩売られたら，僕が何とかしなきゃならないの」
- :「日本君も，いつまでも家の考えが，喧嘩禁止なんて言ってないで考えを変えたら」
- :「実は……この前，家の同意を得たよ！ かなりもめたけど……。アメリカ君も最近大変みたいだし，これからは，お互いクラスでトラブルがおこったら助け合えるよ」
- :「僕が攻撃されたら，日本君も助けてくれるんだ‼」
- :「いや！ 僕はもっとがんばる。他のクラスでもトラブルがおこったら，助けに行くよ」
- :「学校全体のトラブルにもかかわっていくんだ‼‼」
- :(ひとり言)
「でも，そうすることが，ホントに学校の平和のためになるのだろうか？ 逆に今までの僕のイメージが変わったりしないかな？
　また，アメリカ君のいいなりになってるって思われて信頼をなくさないかな？????」

### 発問

- ロッカーとは何か？（尖閣列島）
- アメリカ君が中国君の世話になってることって？（貿易をはじめとする経済的関係）
- 学校全体のトラブルにもかかわるって？（世界規模での軍事協力）
- 日本の変化は本当に世界平和のためになるのだろうか？
- 集団的自衛権って何だろう？

のちの感想で，この授業について触れた生徒もいた。

> 　私の印象に残っている授業は「現代の戦争と日本の役割」を台詞を使って劇風にした授業です。あの内容はかなり難しく，とても理解不可能ですが，みんなで劇風にして，いろいろ考えたから，難しい「現代の戦争」や「日本のおかれている立場」も楽しく理解することができました。

　難しい世界情勢の把握には，以上に紹介したクラス集団に例えた劇化は有効である。「パレスチナ問題」でも本手法で実践した。ただ，擬人化しているので厳密性を欠く点があり，具体例を踏まえた説明が不可欠である。

## 30 探究 わが街ノーベル平和賞
## 〜主体的に考え行動する探究学習〜

"平和""人権""国際理解"を"地域"から，一人の生き方や取り組みから，主体的に考え行動する探究学習である。平和教育の積年の課題として，「自分とは関係がない」「今の日本は平和だし」等の，主体的に考えることの困難性が指摘されてきた。本実践は，地域や大阪において，平和，国際理解，人権擁護・発展に貢献している団体や個人を取材し，ノーベル平和賞を選出する活動を通じ，主体的に国際貢献できる力を育成することがねらいである。

### 1 事前学習

　ノーベル平和賞を受賞された方を紹介する形で「ノーベル平和賞とは何か」の学習をおこなった。また，ワークショップ形式で「世界が100人の村だったら」を実施し，世界の多様な現実や課題を学習した。生徒は「世界では貧しい人や文字を読めない人がたくさんいます。そして，文字を読めない人はとても不便な生活をしていることを知りました。だから，僕たちはもっと世界について興味をもち，自分たちにできることからいろいろしていくべきだと思います」「チョコが貰えない国の人が多くて，貰っている人はすごくいっぱい持っていたりして，日本はそのいっぱい貰っている組だったから，日本はぜいたくな国だと思い，他の国にもあげて平等になればいいかなと思った。（略）そんなに持ってんねんやったら，ちょっとはくれよと思い，食べられない国の気持ちもわかったような気がした」と感想を書いている。

　また，各分野で活躍している人を招請し，講演をしていただいた。JICAでアフガニスタン，カンボジアに行かれた人や在日朝鮮人の人，そして，新聞記者で，アウンサンスーチーさんに取材した方にも来ていただいた。

　生徒の感想を紹介する。「アフガニスタンの子どもたちはほとんど学校に

行けてません。私たちは学校に行くのが当たり前で"勉強いやー"とか言ってるけど，アフガニスタンの子どもたちは勉強がしたいと言っていました。これからは学校に行けることに感謝の気持ちをもちたいです」「人を殺すのでなく，自分の主張を相手に説くことで統一って考えはなかったのかなぁ。スーチーさんは，よく戦えたなぁと思う。私ならきっとできない。意見を変えてしまうだろう。人は仲間には優しい。だから差別や強制，支配がなくなって世界が平和になれば，みんな幸せになると思う。私は，やれることはないか探して，スーチーさんのように人のために戦いたい」

## 2 ノーベル平和賞 壁新聞づくり

5～6名で1グループをつくり，下記の内容を調べ，プレゼン大会をおこなった。

```
受賞年　名前　国名　テーマ（核兵器廃絶など）　何をしたか
何を訴えたか　平和に果たした役割　生い立ち　エピソード
感想とコメント　　など
```

「屋台村」形式で，順次，自分の興味あるテーマを聞きに行くという方法で実施した。
（1グループ3分）

<人権>

マンデラ（南アフリカ）1993
キング牧師（アメリカ）1964
アウンサンスーチー（ミャンマー）1991
マザーテレサ（インド）1979

<平和>

EU　2012
オバマ（アメリカ）2009

〈作品例〉

地雷禁止国際キャンペーン（アメリカ）1997

佐藤栄作（日本）1974　　金大中（韓国）2000

＜貧困＞

ユヌス（バングラデシュ）2006

＜環境＞

マータイ（ケニア）2004　気候変動に関する政府間パネル（スイス）2007

＜医療・健康＞

赤十字社 1963　シュバイツァー（フランス）1952

＜難民＞

国際連合難民高等弁務官事務所（スイス）1981

＜総合＞

ユニセフ 1965

＜もらえなかった不思議な人＞

ガンジー

　優秀作品は以下の4作品になった。

　気候変動に関する政府間パネル，EU，マンデラ，キング牧師

## 3　街のノーベル平和賞候補者への取材

　【街のノーベル平和賞を探して】以下の18個人・団体を訪問した。午前はグループで，東大阪や大阪のノーベル平和賞候補への取材をおこない，午後は鶴橋のコリアタウンに集合する企画である。

### 【街のノーベル平和賞候補】

◎聖和社会館（鶴橋）　◎チョンギミ（布施）　◎さらんばん（布施）

◎伊賀孝子（大阪戦災傷害者・遺族の会代表）

◎飯田清和（忘れられない　忘れてはならない　ヒロシマ被爆者）

◎カトリック玉造教会（玉造）　◎KKグローバルライフ（吉田）

◎アジア協会アジア友の会（肥後橋）　◎丁章（小阪　喫茶美術館）
◎東大阪国際情報プラザ（荒本）　◎朝鮮高級高校ラグビー部（花園）
◎INE（上本町）　◎東大阪日本語教室（若江岩田　きらり）
◎安井クリニック（布施）　◎アジア図書館（東淀川）
◎西成子どもの里（西成）　◎全日本おばちゃん党（天王寺）
◎（故人）合田悟（東大阪）

　生徒たちの作文を中心に，当日の取材の様子を紹介する。
　**"戦争"をなくすために被爆・戦争体験を語る伊賀孝子さん（大阪戦災傷害者・遺族の会代表）と飯田清和さん（忘れられない　忘れてはならないヒロシマ被爆者）**からは，戦争の悲惨さを，衣食住や家族や友人との別れ，そして，被爆後60年後でないと語れなかった被爆者としての生きざまを語っていただいた。「戦争というものは，人間の人権を踏みにじるものだということがよくわかった」「原爆の恐ろしさが伝わる話でした。また投下されたときの様子が生々しく伝わりました。僕は，飯田さんが，家族に被爆者であることを黙っていたと聞きました。70歳になり，はじめて自分が被爆者であることを話したそうです。おそらく勇気がいっただろうと思います。(略)」と感想を書いている。
　**"多様な取り組み・援助"を通じて国際貢献を進めているカトリック玉造教会**では，実際，難民支援をされているＭさんから，生々しい難民の実態や支援の苦労や喜びが語られた。「（略）アフガニスタンのハザラ人（モンゴル系）の40％は，いつ殺されるかわからない状態だそうです。驚きました。(略)ムチで打たれたり，手を切り取られたりしている国もありました。私は，難民について真剣に考えないといけないと思いました」と。
　**アジア協会アジア友の会**では「地球にはいっぱいの水があるのに，実際，安全な水を飲める人はそんなに多くないということを聞き驚いた。(略)」と資源の不公正な配分への課題に気づいている。
　**KKグローバルライフ**は多くの外国人を雇っている企業である。生徒は，

「働きたい気持ちがあるのに雇ってもらえる場がないのはおかしい」「給料は，日本人も外国人も同じであると聞き，すごいと思った」と，平等な雇用が生活基盤として必要なことに気づいている。

INEはフェアートレード店であるが，「(略)この人は，製品を作った人の立場にたって，その仕事に見合う報酬を払うことで，"人"を救っていることがえらいと思った」と，その生き方に共感を示している。

**東大阪日本語教室**では，中国，イタリア，ロシアの人たちの学習の様子を取材し，「(略)イタリア人は，両腕にタトゥーを入れていた。それにもいろいろ意味があって，片腕はキリスト教に関係していて，もう一つは，生まれた国の国旗だった。かなり面白い人で，世界には日本と違う文化があることがわかった」と異文化を理解している。

**東大阪国際情報プラザ**は東大阪市の公的機関であるが，外国人に「日本語が話せない，書けない，税金の払い方，保険のことなどの悩みがあり，(略)それは，プリントが配布されても読めないことも原因のようです」と外国人のためのケアーをしていることを取材してきた。

**さらんばん**では「韓国・朝鮮人のおばあさんたちは，日本のことをいいイメージで思ってくれているようでした。私たち日本人は，朝鮮人に対していいイメージをもっていないことが多く，いろんな人と交流をもち，悪いイメージをもたないよう変わっていってほしいと思いました」ともっとも大切なのは"共感"であることを学んでいる。

**聖和社会館**では，コリアタウン形成の歴史と，民族文化を守り発展させていく取り組みについて取材してきた。「(略)日本の食べ物などが口に合わず，祖国の食べ物を売ったり買ったりしたいからコリアタウンができた。聖和社会館は，最初は，その人たちのための保健所がわりだったみたいだ。今は，子どもたちのために勉強を教え，キリスト教の教えもしている。また，韓国・朝鮮の独自の文化や言葉も教えているのはすごいと思った」と。

**西成子どもの里**は，放課後など，生活する場がない子どもたちのための居場所を提供している。生徒は，まず，西成の実態にふれ，そのことに驚きをもつとともに，野宿者との交流をしている"里"の取り組みを称賛している。「野宿者と交流している姿を見て，すごいと思いました。野宿者を襲ったりする事件がありますが，こういう活動を広めていくことが大切だと思いました」。

## 4　街のノーベル平和賞プレゼン大会

　各グループで，「私たちの街のノーベル平和賞の推薦文」づくりをおこなった。当日撮影した写真などを活用しながら活動内容，経歴，平和貢献についてまとめる。その後，プレゼン大会を実施し，街のノーベル平和賞6つを選出した。"西成子どもの里""東大阪国際情報プラザ""アジア図書館""カトリック玉造教会"そして"チョンギミ"さんが選出された。以下が，そのプレゼン内容の一部である。

≪街のノーベル平和賞受賞≫

◆西成子どもの里
　（略）子どもの里に来る子どもたちは，虐待を受けている子や，まともに食事がとれない子も多いです。また障害のある子もいます。子どもの里に入所できるのは0歳から18歳が基準です。（略）活動内容で，すごいと思ったのは野宿者との交流です。食べ物を配ったり，話をしたりする取り組みをしています。館長さんは，子どもたちに，自分は生まれてきてよかったんだと自信をもってほしいと思っています。子どもに最大の利益を与える場所，それが子どもの里であると言っていました。（略）

◆アジア図書館
　アジア図書館とは，アジアの国々の本を集めている民間の図書館です。活動内容は，本の貸し出し，アジアの国々の言語についての講習を無料

でしています。(略)館長さんは、たった1冊から32年間かけて、これだけの本を集めたそうです。(略)国と国とが喧嘩すると戦争になるけれど、人と人とが仲よくなっていたら、その国と戦おうなんて思わない。また、相手の国と仲よくなるためには言葉が必要だとおっしゃっていました。国境を越えて人と人とのつながりを深めていくためにアジア図書館がある、ともおっしゃっていました。

◆KKグローバルライフ

　KKグローバルライフは、どんな人でも働ける国境のない会社です。差別や対立が目立つ世の中で、外国人が日本人と変わりなく働ける環境があるのかと考えた時、この会社のすばらしさがよくわかりました。この会社は、外国人も日本人も差別せずに仲よくしようという方針で、おもにアジア系の外国人を雇用しています。社長いわく、アジアでは紛争などがおこっているため、働ける環境は十分ではなく、日本に逃げてきた人を雇用するという考えです。(略)

## 5　街のノーベル平和賞授与式

　8月6日の全校平和登校日に平和賞授与者を招請し、授与式を挙行した。6団体・個人のなかから4団体・個人に参加していただいた。推薦プレゼンの後、それぞれの受賞者からメッセージをいただいた。その一部を紹介する。

### <チョンギミ>

　日本は「強い国になれ」って言われます。でも「強い」って何でしょう。「弱い」人にやさしくしてあげることが本当の"強さ"ではないかと思います。日本は、本当の"やさしさ"をもった国になろうとしているのでしょうか？　私は、あなたたちから名誉ある賞をいただきました。この賞に恥じないようがんばっていきたいと思います。

### <カトリック玉造教会>

　日本は難民支援を十分していないから"冷たい国"だという側面もあります。しかし，日本の未来は明るいと思います。あなたたちのように，若者が何かしようとしているからです。私の夫はペルー人ですが，日本はいい国だと言います。先日5名の人からインタビューを受けました。目の真剣さ，質問の鋭さに驚きました。あなたたちが，この日本の未来をつくっていってくれると確信しました。自分の人生の少しでいいです。他の人のために自分の人生を使っていってください。今日はありがとうございました。

　どのメッセージも，一つ一つの言葉に重みがあり，積年の取り組みをされているなかで，"国際人"として生きることのメッセージ性があり，感動する内容であった。生徒たちも，このメッセージを通じて，取り組みの意義を確認し，これからの生き方を考えることができるすばらしいものだった。

　本実践は，公民学習のまとめとして位置付けることができる。生徒たちは，世界平和にとって何が大切かを知り，地域や大阪において，平和に貢献している団体や個人を取材し，ノーベル平和賞を選出する活動を通じ，主体的に平和貢献するとは何かを学んだ。本実践は，文化祭で構成劇として上演し，他学年や保護者・地域の人たちに発信していった。学んだことを他者に伝えていく。これも平和貢献である。

## おわりに

『大航海時代から大後悔時代へ』このジョークをご存知だろうか？このジョークに対して"ほくそ笑む"ためには，"大航海時代"の意味と，EU離脱でイギリスがなぜ後悔しているか（？）を理解していることが不可欠である。「大航海時代の主役はスペインやポルトガルじゃなかったっけ？」「フランスとドイツの石炭や鉄鋼の共同利用からはじまったよね」「関税のない貿易は合理的だ」「平和と繁栄をめざしたんだ！」「でも移民が増えると働く場が減少するね」「EU内の経済格差もたいへんだ」などの意見交換がおこなわれる。このような「対話」を通じて，大航海時代の歴史的意味，EUの歴史・現状・課題・離脱による影響等を考え，"イギリスのEU離脱"に対する価値判断力を培うことが大切である。一人一人が"空気"に流されず熟慮することが，社会科教育の真骨頂である。

ある学生が，「先生，アクティブ・ラーニングって失敗することはないのですか？」と質問してきた。私は，即答で「失敗します！」と答えた。理由は「すべての生徒が，グループになって話し合うことはないから」「雑談するかも」「資料を読み取れない生徒もいる」と返答した。"アクティブ・ラーニング"では，「活動」の前提に，「誰もが"ひとこと"言ってみたい，考えたいテーマ設定」「協働の学び」「知的興奮」が不可欠である。そして，生徒と教師の揺らがない信頼関係が醸成されていなければならない。生徒は，信頼していない教師には本音はおろか意見さえ言わない。教師への信頼は"生徒主体"の"楽しくわかる"授業によりつくられる。

本書は，前拙書「100万人が受けたい授業シリーズ」の続編である。刊行にあたって，前書同様，企画から刊行まで明治図書の及川誠氏，そして校正等は西浦実夏氏，姉川直保子氏にお世話になった。また，今回の「続公民」においては，イラストは，縄手中学校の生徒だった永澤真幸さんにお世話になった。この場を借りてお礼を言いたい。

河原　和之

【著者紹介】
河原　和之（かわはら　かずゆき）
1952年　京都府木津町（現木津川市）生まれ。
関西学院大学社会学部卒。東大阪市の中学校に三十数年勤務。
東大阪市教育センター指導主事を経て，東大阪市立縄手中学校退職。
現在，立命館大学，近畿大学他，6校の非常勤講師。
授業のネタ研究会常任理事。経済教育学会理事。
NHK わくわく授業「コンビニから社会をみる」出演。

【著書】
『歴史リテラシーから考える近現代史　面白ネタ＆「ウソッ」「ホント」授業』『「歴史人物42人＋α」穴埋めエピソードワーク』『「本音」でつながる学級づくり　集団づくりの鉄則』『スペシャリスト直伝！中学校社会科授業成功の極意』（以上，明治図書）
『大人もハマる地理』（すばる舎）他多数
qqt36ps9@tea.ocn.ne.jp

【イラストレーター紹介】
永澤　真幸（ながさわ　まゆき）
1999年生まれ。帝塚山学院高等学校卒業。
京都精華大学在学中。

続・100万人が受けたい
「中学公民」ウソ・ホント？授業

| 2017年4月初版第1刷刊 | Ⓒ著　者 | 河　原　和　之 |
| 2018年6月初版第3刷刊 | 発行者 | 藤　原　光　政 |
| | 発行所 | 明治図書出版株式会社 |
| | | http://www.meijitosho.co.jp |
| | | （企画）及川　誠（校正）西浦実夏・姉川直保子 |
| | | 〒114-0023　東京都北区滝野川7-46-1 |
| | | 振替00160-5-151318　電話03(5907)6704 |
| | | ご注文窓口　電話03(5907)6668 |
| ＊検印省略 | 組版所 | 株式会社アイデスク |

本書の無断コピーは，著作権・出版権にふれます。ご注意ください。

Printed in Japan　　　　　　　　　　ISBN978-4-18-257429-0
JASRAC 出 1701088-803
もれなくクーポンがもらえる！読者アンケートはこちらから　→

# 合理的配慮をつなぐ
## 個別移行支援カルテ

坂本 裕 編著

**すぐに使える！合理的配慮を引き継ぐカルテ＆手引き**

自閉症，学習障害，ADHDなどの発達障害のある子どもへの合理的配慮を進学(移行)時にどう引き継ぐべきなのか。1000名を超える調査をもとに設定した各移行期におけるカルテのフォームと手引き，見本をまとめました。教育委員会・学校でそのまま活用できます。

B5判　120頁
本体価格2,000円＋税
図書番号 1591

# アクティブ・ラーニングを位置づけた
## 小学校／中学校 社会科の授業プラン

小原 友行 編著

**即実践できるアクティブ・ラーニングの事例が満載！**

「主体的・対話的で深い学び」とのかかわりがよく分かるアクティブ・ラーニングの授業プランを，学年・領域別・単元別に授業中の資料や対話場面も入れた形で豊富に収録。見方・考え方から子供の社会認識のとらえまで，ALの評価の手立ても詳しく解説しています！

**小学校編**
B5判　136頁　本体2,200円＋税
図書番号 2771

**中学校編**
B5判　136頁　本体2,200円＋税
図書番号 2548

---

# 学級を最高のチームにする極意
## 365日の集団づくり　中学1年〜3年／高校

**学級経営の必読書**

赤坂真二　編著

【図書番号・2740〜2743】
A5判　160〜176頁
本体価格1,760円＋税

★目指す学級を実現する，月ごとの学級経営の極意。
★「学級集団づくりチェックリスト」で，学級の状態をチェック！
★学級経営で陥りがちな落とし穴と克服の方法も網羅。

365日で学級を最高のチームにする！目指す学級を実現する月ごとの学級づくりの極意。発達段階に応じた関係づくりや集団づくりのポイントから，学級の状態をチェックする「学級づくりチェックリスト」、陥りがちな落とし穴と克服法までを網羅。学級担任に必携の書。

---

**明治図書**　携帯・スマートフォンからは **明治図書 ONLINE へ**　書籍の検索，注文ができます。▶▶▶

http://www.meijitosho.co.jp　＊併記4桁の図書番号(英数字)でHP，携帯での検索・注文が簡単に行えます。

〒114-0023　東京都北区滝野川7-46-1　ご注文窓口　TEL 03-5907-6668　FAX 050-3156-2790

＊価格は全て本体価格表示です。